張永久 著

畫夢錄

海派文學作家的
12張面孔

前言

　　20世紀30年代，中國現代文壇爆發了一場大論爭——京派與海派之爭。先是沈從文打頭陣，發表了〈文學者的態度〉，要求作家擺脫一切非文學因素的依附和屈從，真正實現文學的獨立價值。海派作家杜衡發文辯解，認為文人在上海謀生不易，需用稿費維持生計，從而導致多產，造成藝術上優劣不分，但這並不是可恥的事情。那場大爭論持續了一年多，最後不了了之。

　　但是海派文學，從此開始嶄露頭角，呈現出欣欣向榮之勢。

　　實際上，海派沒有成立過正式組織，也從未發表過宣言。海派能成為一個重要流派，是由於海派作家在思想傾向、藝術趣味以及創作手法上的某種共同特點。海派文學有著比較濃郁的商業氣息，追求作品好讀和有趣，在海派文人身上，既有對現代都市文明的幻滅感，又樂此不疲地欣賞和挖掘，讓陌生的都市風景散發出耀眼炫目的魔幻之光。

　　「海派」是個大概念，廣義上指所有活躍在上海的文人——這其中包括鴛鴦蝴蝶派（徐枕亞、畢倚虹、包天笑等），新感覺派（劉吶鷗、穆時英、施蟄存等），左翼文學（茅盾、蔣光慈、殷夫等），三、四十年代傳承言情傳統和現代主義探索的新海派（張愛玲、徐訏、卜乃夫等），以及不能準確劃入某個文學流派的張資平、曾虛白、蘇青等。海派文人數目眾多，浩如星海，本書文字中描繪的12張面孔，只是他們中間的一部分代表。

　　舊上海過去一直被指為「資產階級大染缸」，海派文學也始終遭受指責和攻擊，從鴛鴦蝴蝶派文人到新感覺派劉吶鷗、穆時英、施蟄存等。只是後來張愛玲的出現，才多少為海派文學挽回

了一些顏面。有意思的是，進入20世紀80年代之後，海派忽然來了個華麗轉身，成為年輕人追捧的對象。海派電影，海派小說，海派住宅，海派家具……。

因為懂得，所以慈悲。本書從12位海派文人的私人生活史入手，從歷史的深井中打探記憶的碎片，鉤沉爬羅，精心梳理，通過他們的身世經歷、愛情遭遇、筆墨官司等軼聞舊事，剖析其心路歷程。透過表象文字，可以看到海派作家們千瘡百孔的人生。

目
次

劉吶鷗：大時代的無軌列車

　　劉吶鷗（1905—1940），原名劉燦波，出生於台灣台南州新營郡柳家莊。先後在東京青山學院和日本慶應大學文科讀書，精通日文和英語。1925年畢業後回國，入上海震旦大學，與杜衡、施蟄存、戴望舒等同在法文特別班就學。

　　20世紀20年代，以橫光利一、川端康成等為代表的一批青年作家，接受歐洲現代派文學的影響，張揚現代主義的旗幟。他們聲稱不願再單純地描寫外部現實，而要力圖把主觀的感覺印象投注到創作客體中去，以新奇的感覺來創造新現實。在文學史上，他們被稱為「新感覺派」。

　　劉吶鷗是中國新感覺派的開創者，也被公認為是靈魂人物。他1925年來到上海後，開辦書店、創辦雜誌、創作和翻譯小說、涉足電影事業，忙碌而充實的一生，為中國文化事業作出了不可磨滅的貢獻。

　　他的好友施蟄存說：「劉吶鷗是三分之一台灣，三分之一日本，三分之一上海洋場文化的混合。」確實，劉吶鷗的文化背景和文化身分非常複雜。他生養於殖民時期的台灣「孤島」，在這裡接受啟蒙教育；浸染於轉型時期的日本文壇，受到日本多種文學理念的薰陶；立足於摩登時期的上海洋場，創業於上海，安家於上海，揚名於上海，沉迷於上海。總之，他所有的輝煌都在上海。完全可以說，上海是他的第二故鄉。

　　劉吶鷗的小說，呈現給讀者的是一道亮麗的都市風景線：充滿現代氣息的摩登女郎與徘徊在新舊衝突中的焦慮男性，在中西雜糅的都市空間裡上演著一幕幕屬於都市的愛情瞬間活劇。劉吶

鷗對現代都市的想像與呈現方式，深受日本新感覺派和法國都會主義的影響。通感、比喻、擬人等多種修辭方法的運用，帶給讀者真切的都市新感覺；阻拒性的語言與句式，使他的作品充滿著異域的陌生化效果；將電影手法應用到小說中，是他的獨特寫作技巧之一。另外，意識流、精神分析學等流派，都在他的小說中有所體現。劉吶鷗成長於三種文化的交界之處，兩個時代的連接之時，他的作品數量雖然不多，但是體現出與當時主流革命文學的不同以及先鋒特徵。

至今，劉吶鷗之死仍是現代文學史上的一個謎。案發時，日華友人十餘人的聚會，是為慶祝他繼穆時英之後任日偽政府的「國民新聞社」社長。兩個多月前，他的好友穆時英在這個位置上遭遇暗殺。劉吶鷗接任後，竟同樣慘遭橫禍。有人說是因為捲入黑幫糾紛，也有傳言說是死於國民黨特務之手。究竟是何方人士下的手？眾說紛紜。劉吶鷗，一個元氣淋漓的人。在他生命力最旺盛的時候，卻忽然走到了生命的終點。

魔都在召喚

1927年夏天，一艘名為「上海丸」的海輪在大海上航行。劉吶鷗身依欄杆，觀海景萬千變幻，聽海濤喋喋拍舷，盡情享受大自然的恩賞。恍若花開剎那，他心中一朵奇妙的荷花正在悄然綻開。一張國字型的臉，一件在陽光照射下發出耀眼光芒的白衫衣，一雙造型優美猶如兩條鰻魚的包頭皮鞋。在強勁海風的吹拂下，那梳得油光發亮的頭髮繽紛揚起，像是一面旗幟，有節奏地配合著海鷗的升降起落而輕輕擺動。

22歲的時尚青年手中捧著一本書。書名《太陽》，作者橫光利一。那時候日本新感覺派驍將橫光利一是青年劉吶鷗心中的偶

像，書中火炭一樣滾燙的句子刺激著神經，他禁不住輕聲朗誦：「白天，特別列車滿載著乘客全速奔馳，沿途的小站好像一塊塊石頭被無聲地秒殺⋯⋯」多麼漂亮的句子啊！宛如神的賜予。海風吹。海在燃燒。此刻置身於海輪甲板上的劉吶鷗，彷彿變成了書中搭乘特別快車的幸運旅客，船舷邊跳蕩的一朵朵浪花，頃刻幻化成一束束淡藍色的火焰，轉眼又幻化成五顏六色的花瓣，在他身邊旋風般地瘋狂舞蹈了起來。

劉吶鷗，本名劉燦波，出生於台灣台南柳營。柳營舊名叫查畝營，是當年鄭成功勘察田畝的營地住所。日本人佔據台灣後，覺得查畝營名字太俗，取當地土著劉姓人居多，更名劉營。又因日本人發音吐字不太準確的緣故，劉、柳二字分不清，也感覺柳營作地名更有詩意，久而久之，那裡便成了柳營。

父親劉永耀是柳營地方望族。小時候，劉吶鷗像仰望天上的星空一樣崇敬父親。童年時他成天在故鄉大地上遊蕩，耳邊聽得最多的是父親的故事。那些逝去了的光榮與夢想，在故鄉流傳，猶如星星點點的花朵開滿了原野。劉吶鷗常常幻想將個人的血肉之軀與高高翱翔在天際的曼妙星光聯繫起來，讓自己的生命同父親給他取的名字一樣，在浩瀚宇宙中發出一道燦爛的光波。殊不料，浪漫的童年剛剛度過，幻想的世界戛然而止，像正在彈撥著的一張琴，「呼」的一聲琴弦斷了。12歲那年，一場重病奪去了父親的生命。彌留之際，父親把兒子叫到病榻前，撫摸著他的頭連聲歎氣。父親沒有留下什麼遺囑，只留下守寡的母親、幾個兒女（劉吶鷗排行長男，下有妹妹劉瓊英、弟弟劉櫻津、小妹劉瓊簫3歲夭折），和一個還算殷實的家境。

父親去世後，家中祖產的600多畝田地由母親陳恨掌管。在劉吶鷗尚且稚嫩的心靈中，母親的性情正同她的名字一樣，在人

間播撒的都是恨的種子。母親是台南東山鄉的望族之後，性格剛毅好強，行事處處嚴守大家庭的繁文縟節。劉吶鷗生性喜愛天馬行空，母親每每強行管束，母子間時生齟齬。一個母親最大的失敗是從來不讓孩子獨立。即便劉吶鷗成年之後，母親陳恨也不讓他過問家中產業，這使得劉吶鷗心生怨懟。像積壓太久的瀑布，終於還是須尋覓出口一瀉汪洋。

台灣日治時代，一般有錢人家的父母都喜歡送孩子去日本求學。陳恨也不例外，長子劉吶鷗13歲時，在台南一家教會學校讀書。到了15歲，送入日本東京青山學院中等部專攻文學。而她自己則獨守偌大產業，度過寂寞歲月。

不知道為什麼，先前的人似乎個個早熟。15歲的大孩子劉吶鷗，心理上已經成熟得像個成年人。劉吶鷗在日本求學的1920年前後，西方各種前衛文藝思潮洶湧澎湃，日本的新感覺派呼應而起，橫光利一、川端康成、片岡鐵兵等一批優秀作家橫空出世，統領日本文壇。大學時代是人生腦筋最柔軟、思維最敏捷、接受新生事物最快的時期，劉吶鷗迅速接受了新感覺派，他對那些作家們頂禮膜拜。

劉吶鷗喜愛的作家中，還有法國作家保爾・穆杭。那位行事怪異的法國作家，周遊世界的名氣遠遠大過他寫作的名氣。大概正是保爾・穆杭筆下恣意盎然的異域情調刺激了他的神經，劉吶鷗常常為一個新奇的、充滿冒險意味的未知空間激動不已。事實上，保爾・穆杭當年浪跡天涯的根本原因是他患上了厭世病。同第一次世界大戰後法國許多知識分子對歐洲感到厭倦一樣，保爾・穆杭感到歐洲已不復是一位風姿綽約、亭亭玉立的少女，而變成了一位雞皮鶴髮、行將就木的老嫗。病毒和腐菌正在吞噬她柔弱的軀體，法西斯主義和沙文主義的蠅蛆在她周身蠕動，歐洲

的精華遺產一天天變為蠅蛆們的養料。另外還有個私密的原因，保爾・穆杭娶了富甲天下的公主埃萊娜・蘇卓。那位高調的女權主義者到處宣揚自己是納粹分子，過去是，現在是，將來依然是！保爾・穆杭為此傷透了腦筋，所以，保爾・穆杭必須逃奔！他要逃脫這塊熙熙攘攘的骯髒之地，去尋找一個沒有開發、未受污染的新大陸。

在保爾・穆杭那裡是厭倦後的逃避，到了劉吶鷗這裡卻是讚美膜拜。

1925年是劉吶鷗人生的一個重要轉折。這年秋天，劉吶鷗是在興奮和嚮往中度過的。大學即將畢業，喧譁的校園突然變得空曠而又寂寞，成績單和作業本的碎紙片撒滿了一地。酒杯碰響，聲聲揪心，一半為昔時友誼，一半是對未來的嚮往。畢業之後去哪裡？幹什麼？是每一個大學生皆須面對的頭等大事。

1925年秋天，劉吶鷗從東京來到上海，進入震旦大學讀書。他的同學中有後來著名的雨巷詩人戴望舒。通過戴望舒，又結識了施蟄存、穆時英、杜衡、徐霞村等諸位同好，從此開啟了中國近代文壇一個重要流派——新感覺派的先河。好友施蟄存先生回憶，「他自己說是福建人，其實是台灣人。此人說國語很困難，夾雜著許多閩南音。中文也很勉強，寫一封信好像是日本人寫的中國信。但他的日文日語都很好，他講日語，純粹是東京話。」

據劉吶鷗年表記載：上海震旦大學畢業後，劉吶鷗曾回台灣待過一段短暫的時間，很快他又重新來到上海。自從日本作家村松梢風的暢銷小說《魔都》風靡西方之後，「魔都」就成了上海的代稱，租界的繁華與騷動，胡同裡錯綜迷離的世相，都是這座魔幻之都最好的注腳。劉吶鷗自己也承認，每每想到上海，腦際中掠過的是銀光流動的畫面。十里洋場的社會之風影響著劉吶鷗

的生活方式、行為準則，乃至於精神狀態。

　　1927年4月12日，劉吶鷗離開上海返回家鄉台南柳營，參加祖母的喪禮。喪禮結束後，又去日本東京「浪蕩」了幾個月。正是這段時日，他大量閱讀到新感覺派的一批作品。對於一個家境優裕、在日本貴族學校受過高等教育、對現代派文藝有著濃烈興趣的青年來說，追求感官刺激的生活方式自然成了他的首選。此刻，劉吶鷗做出了上海之行的決定。他在日記中寫道：「上海雖然沒有什麼親朋，卻是我將來的地啊！但東京有什麼這麼吸引我呢？美女嗎？不。友人嗎？不。學問嗎？不。大概是那些有修養的眼睛吧？台灣是不願意去的，但是想著家裡的林園，卻也不願這樣說。啊！越南的山水，南國的果園，東瀛的長袖，哪個是我的親呢？」

　　9月10日，劉吶鷗乘船重歸上海。他為自己改名劉吶鷗，是不是要在激蕩的大海之上作一隻吶喊的海鷗？此刻的劉吶鷗，像放入大海中的一尾魚，帶著自己的夢和幻想，終將掀起一陣不小的波浪。

情欲遊戲

　　1927年9月，劉吶鷗再次投入大上海的懷抱。他與好友戴望舒、施蟄存、穆時英等人頻繁地出入咖啡館、電影院、歌舞廳、回力球場，追逐潮起潮落的各種時尚，舉手投足，全都洋派十足。遇到下雨的日子，劉吶鷗感到寂寞無聊，於是便日復一日地待在房間裡寫信。他在給戴望舒的一封信中寫道：「昨天晚上你們走了之後，我一個人無聊得很。聽著窗外的微雨，好像深埋在心底裡的寂寞一齊流湧出來似的，再也忍不住，我只得戴了帽子，冒著小雨，徑往卡爾登戲院那邊去了。」

　　除了看電影之外，劉吶鷗去的最多的地方是夜總會。探戈宮裡，一切都在微醉的旋律中搖晃——男女的肢體，五彩的燈光，光亮的酒杯，石榴色的嘴唇，燃燒火焰的眼睛，紅紅綠綠的液汁……空氣忽然搖曳生姿，一名薩克斯樂手朝向舞池裡的人們狂吹，鑼、鼓、琴、弦發抖似的叫喚起來。這是非洲黑人出獵前夕祭祀的場景，是血脈的搏動，是原始的探祕，是野性的回歸。

　　有一天，劉吶鷗跳舞累了，坐在一張高腳椅上聽音樂。音樂聲讓他驚喜，也讓他興奮。似乎在刹那間，劉吶鷗想起了家鄉台南。珊瑚潭、城隍廟、防風林、黑面琵鷺，海面一片遼闊寂靜，偶爾幾隻鳥兒飛過，劃出一條條悠閒的弧線。無邊的鹽田，皚皚白雪般的結晶鹽堆得像山一樣高，遠處看過去恍若夢境中的畫面。養殖牡蠣的人家，在海灘上穿梭似的不停忙碌。

　　音樂聲停歇的片刻，劉吶鷗想起了台南的妻子。1922年10月16日，是他和妻子的結婚紀念日。新娘黃素貞比他大，是他的表姐。這椿親上加親的婚事是雙方家長做的主。黃素貞從未受過正式的學校教育，只在家庭裡讀過幾年私塾。受過現代教育、追求自由時尚的劉吶鷗，對這門婚事十分不滿。結婚以後，劉吶鷗一直遊學東京和上海，夫妻倆向來聚少離多。

　　劉吶鷗在1927年的日記中，記錄了他對妻子強烈憎惡的感受。1月17日，他在上海寓所收到妻子從台南寄來的信，嫌她的信「難看得很，終不知說的什麼」。5月18日，劉吶鷗的情緒似乎再也壓抑不住了，他寫道：「啊！結婚真是地獄的關門……女人是傻呆的廢物……啊，我竟被她強姦！不知滿足的人獸，妖精似的吸血鬼，那些東西除放縱性欲以外哪知什麼。……啊，頭脹眼花，足不支力。……我若不害她，她要吃死我了！」5月19日，他又寫道：「女人，無論哪種的，都可以說是性欲的權化。

她們的生活或者存在，完全是為性欲的滿足。那時候她們所感受到的快感，比男人的是多麼大啊！她們的思想、行為、舉止的重心是性。所以她們除性以外完全沒有知識。不喜歡學識東西，並且沒有能力去學。你看女人不是大都呆子、傻子嗎？她的傻真是使我氣死了。」

劉吶鷗患上了典型的「女性嫌惡症」。他似乎把女人一分為二：不是母親，就是蕩婦。劉吶鷗小說中的女性大多數是後一類。這一點也不奇怪，劉吶鷗自幼生活在異域他鄉，在他身上，中國傳統文化的薰陶微乎其微。異國情調，熱情女郎，正是他所追求的感官刺激。他寫不出宛若水墨畫那樣的溫婉女性，筆下多是具有異域風采、玩弄男性的風流女子。

被迫娶了個自己不喜歡的妻子，似乎成了他尋花問柳的正當理由。從劉吶鷗1927年的日記中可以看到，他身邊的女人始終不斷，日記中對女人的描寫也俯拾即是。那些女子，多半是舞女和妓女，如千代子、百合子、一枝等等，還有許許多多不知名的女人。

好友施蟄存說他是奇怪的生物。劉吶鷗的身體中有三個三分之一：台灣人、日本人、中國人，各占三分之一。台灣土著原始野蠻好衝動的血液，日本浮士繪似的菊與刀的品味，中國唐詩宋詞中蘊含著的禪一般的朦朧意境。

劉吶鷗是一個非常重視感情的人。不僅對好友施蟄存、戴望舒、穆時英等人如此，即便是對相識不久的歡場女子，他也不會吝惜自己的真感情。值得一提的是，劉吶鷗似乎對來自於日本島國的女子特別鍾情，與他肉體接觸的女子中，有許多是日本舞女和藝伎。1927年的日記中，劉吶鷗與百合子談文學、藝術、詩、女人、上海和東京的生活，甚至不時會陷入不自信的愛情煩惱

中，會嫉妒、會相思、會痛哭流涕。「我真是忍不住哭了，因為我一離開她就更想她……啊，我的戀啊！初戀？啊！坐在搖動的車上，看見街上軟弱的陽光時，我真的好似發現了新的上海。」

〈遊戲〉是劉吶鷗的一個短篇小說。夜總會裡，已婚的男子步青愛上了不知道姓名的女子。本來是男歡女愛的婚外戀，偏生步青投入了濃郁的感情。他為女子回家度假的丈夫吃醋。丈夫走後，他與她重新歡聚，雪白的大床巾起了波紋，肉勾搭在一起，靈卻咫尺天涯，連平時習慣了的高級調情也變得生澀了許多。「貞操的碎片同時也像扯碎的白紙一樣，一片片，墜到床下去了。空中兩隻小足落下來，他覺得一切幻滅了。」傷感的情緒像一條毒蛇咬齧步青的心，夜色冰涼，他含淚的笑聲在星光下飄蕩……步青感覺到，自己在遊戲人生的時候，反而被風流女子所遊戲。

據學者分析，劉吶鷗這篇小說中的女主角原型是日本藝伎千代子。與小說略有區別的是，那時千代子還沒結婚，小說中的丈夫是她的未婚夫。千代子的未婚夫是日本商人，來中國開工廠，工人們鬧工潮，未婚夫脫不開身來看她。後來未婚夫來了，帶來的賠罪禮物是一輛黑色奧斯丁高級轎車。這是一隻囚在精緻檀香籠中的金絲鳥，她空虛寂寞，需要拿男人來打發時光。

在現實生活中，劉吶鷗和千代子的交往是有真情實意的。劉吶鷗病中寂寞無聊時，寫信給千代子尋找心靈的慰藉，而千代子也多次前往公園坊（劉的住處）探病，劉吶鷗在日記中寫道：「三點半去找千代子，她很喜歡，猶如從前。我哭了，她也哭，是感傷主義與愛戀的淚吧。她母親給她寫信，叫她回東京結婚，她說待我走後她才要去哩。」

讀劉吶歐的小說讓人想到波德賴爾的《惡之花》。詩集《惡

之花》給波德賴爾帶來成功的同時，也帶來了數不清的圍攻、指責和謾罵。在中國，劉吶鷗的小說集《都市風景線》不算太成功吧，同樣帶來了數不清的圍攻、指責和謾罵。

劉吶鷗在小說中說，現代都市人坐在時間上飛快地奔跑，飛過了原野，飛過了小河，飛過了茅舍、石橋、柳樹林……所有的風景都從我們身邊飛過了。塗抹了物欲色彩的都市風景是他取之不盡的創作源泉，現代派氣息從他的筆端流瀉而出，都市裡冷冰冰的物質有了熱騰騰的生命。而在中國文壇上，那些冷冰冰的物質從來都是作為罪惡的淵藪被人譴責和詛咒的。

劉吶鷗，像是一名技藝高超的魔術師。輕鬆一俯身，拾起時代的碎片，那破碎的鏡子裡，讀者至今還能依稀看見昔日的繁華、浮靡與喧囂。

向左？向右？

1927年註定是中國現代文學史上不平靜的一年。國、共相爭，國民黨大舉清黨，劉吶鷗的日記裡面處處可以看見兵亂和罷工的蛛絲馬跡。他的好友戴望舒、杜衡等人參加了共青團，又參加了國民黨，每天上街演講、散發傳單。大街上熙熙攘攘，水泄不通。黑衣員警的哨子一吹響，滿街的人馬上逃得無影無蹤。時局緊張，連租界內也交通斷絕。有一陣，戴望舒、杜衡被逮捕了，在嵩山路巡捕房關了兩天，幾乎引渡到龍華，被軍閥槍斃。

這一年，劉吶鷗處於漩渦的中心，但他的生活卻是平靜的。

到了1928年夏天，大浪潮漸漸平息，戴望舒、劉吶鷗、施蟄存、杜衡、馮雪峰、徐霞村等人開始籌備組織文學社團「水沫社」──定名水沫，是取其微小之義。據施蟄存先生回憶，劉吶鷗在江灣路花園坊的里弄內租了幢三樓小洋房，獨自一人住著，

有個女傭為他燒飯、洗衣。劉吶鷗邀戴望舒住進他家，大家商量商量，以後做些什麼事。「最初，大家都感到無聊得很，沒有事做。每天上午，大家都耽在屋裡，聊天、看書、各人寫文章、譯書。午飯後，睡一覺。三點鐘，到虹口游泳池去游泳。晚飯後，到北四川路一帶看電影，或跳舞。一般總是先看七點鐘一場的電影，看過電影，再進舞場，玩到半夜才回家。這就是當時一天的生活。也是我一生中最浪漫的時期。」

　　幾個志同道合的年輕人商量後，決定做出版事業。由劉吶鷗出資幾千塊錢，邀請戴望舒、施蟄存一起合作。施蟄存先生是這樣回憶的：終於有一天，劉吶鷗對望舒說，我們自己辦一個刊物吧，寫了東西沒地方發表，只好自己發表。這本半月刊定名為《無軌列車》。意思是刊物的方向、內容沒有一定的軌道。創刊號，劉吶鷗親自動手畫了一個封面，過了幾天，劉吶鷗又倡議，索性開個書店吧。於是「第一線書店」應時而生。劉吶鷗寫了招牌，白底黑字，從左至右排列，像五朵清秀的簪花。劉吶鷗做老闆，戴望舒當經理，施蟄存是營業員。

　　書店開張第三天，就有提著哭喪棍的巡捕上門來盤查。巡捕指著那塊招牌，問「第一線」是什麼意思？施蟄存上去回答，第一線即第一流、第一等，爭當第一的意思。巡捕想了想，搖頭說，NO，我看這個第一線，是要為革命打頭陣的意思。接下來，巡捕問老闆是誰？有什麼背景？向市黨部登記了沒有？這些開書店的手續，三個年輕人事前完全不知道。接下來跑黨部，跑社會局，跑警察局，補辦登記，申請營業執照。忙活了幾天，報告遞上去了，一個多月沒有任何消息。正當劉吶鷗準備去催問時，警察局送來了一紙公文，拆開一看，上面赫然寫著：「查該第一線書店有宣傳赤化之嫌，著即停止營業。」

　　遭致厄運的還有半月刊《無軌列車》。這本奇怪的雜誌，正如其刊名一樣，是沒有一定軌道的駁雜的混合物。上面既刊載大量日本及歐洲新感覺派的作品和理論，又登載左聯作家的普羅文學，用施蟄存的話說，他們辦的不是狹義的同人雜誌，而是兼收並蓄，容納各種思潮和觀點。即便這樣的刊物命運也並不好，《無軌列車》出刊至第八期，被國民黨上海市政府強行勒令停刊，政府認為這是一本「共黨刊物」，罪狀是「藉無產階級文學，宣傳階級鬥爭，鼓吹共產主義」。

　　接連受挫，並沒有扼阻得住文學青年們的熱情。1929年1月，他們又在海寧路口公益坊開辦了一家「水沫書店」。這一次他們學乖了，書店開到了租界，連門市部也不要了，只做出版社。店名也不再作驚人豪語，時代大波中的一粒小水沫。先是出版了馮雪峰譯的蘇聯詩集《流冰》、施蟄存的中篇小說《追》，後來又出版了「水沫叢書」五種：戴望舒詩集《我的記憶》、徐霞村小說集《古國的人們》、施蟄存小說集《上元燈》、姚蓬子詩集《銀鈴》、劉吶鷗小說集《都市風景線》。

　　水沫書店也只辦了兩年就關門了。這一次不是因為當局查封進步書刊，而是資金上周轉不靈。帳面上看應收款有三、四萬元，可是全都在經銷商手裡，投資的錢收不回來。施蟄存先生回憶：「水沫書店辦了兩年，劉吶鷗支付的資金已超過一萬元，而放在內地的帳面有三、四萬元，這些錢能收回的恐怕不到十分之一。劉吶鷗的經濟情況發生問題，他表示無法再投入資金，要求今後的書店自力更生。這樣，書店的出版物不得不放慢或減少，因為要節約資金。但是書出少了，營業額便低了。在一種惡性循環的經濟困難中，書店就頓時萎縮下來。」

　　經此一役，劉吶鷗對文學的熱情銳減，興趣逐漸轉移到電影

上。從此他與文學漸行漸遠，昔日的浪漫文字似乎成了遙不可及的夢，祭奠他已然逝去的青春。

　　值得一提的是，在大時代的背景下，劉吶鷗儘管也受過普羅文學的影響，但他還是自覺疏離當時以左翼文學為核心的主流話語，把目光投向充滿誘惑與陷阱的大都市，用新的視野、角度和方式去觀察生活，以恣意詭譎的筆調糊塗亂抹。他信手塗鴉的文字猶如天馬行空，給文壇留下了一道絢麗的風景。

流亡與棲居

　　有的人一生都在流亡的路上。比如劉吶鷗喜愛的法國作家保爾・穆杭。其實，劉吶鷗本人又何曾不是這樣？他的前半生始終在流亡，水上浮萍似的隨波逐流，被生活放逐，被欲望驅使，被時間追趕。從一個地方漂泊到另一個地方，永遠在逃避著什麼，又永遠被希望的光芒誘惑。

　　1927年9月，劉吶鷗與戴望舒結伴而行，要讓靈魂去更遠的地方。

　　兩個年輕人同年，都是22歲。3月，戴望舒因參加學潮被逮捕，差點被引渡到龍華去執行槍決。到了9月，上海《申報》刊登《清黨委員會宣布共產黨名單》，文稱「震旦大學有嫌疑者施安華、戴克崇、戴朝寀」。（施安華是施蟄存的筆名，戴克崇是杜衡的原名，戴朝寀是戴望舒的筆名。）為安全計，戴望舒到松江施蟄存家的一間廂樓裡暫避了半個月，9月23日，戴望舒邀劉吶鷗去北京。劉吶鷗當即答應，二人乘「阜生號」海輪，經威海衛、天津到達北京。

　　劉吶鷗1927年的日記中，對這次北方行有十分詳細的紀錄。京城的風俗人情、自然山水、人文景觀等等，都在他筆下有細膩

描寫，可以說是相當完整的遊記。22歲的年齡，正處於青春騷動期的高峰，劉吶鷗的日記中少不了女人和性。11月10日下午，他和戴望舒去大前門明星劇團聽金友琴的戲。金友琴是滿族女子，14歲拜師小水上漂學刀馬旦，登台演出即大獲喝采，她表演得出神入化，《紫霞宮》、《採花趕府》、《喜榮歸》等劇碼廣為人知。劉吶鷗在日記中寫道：「人家說北京女人很會說，但我想不見得吧？會說不會那完全是教育的關係，他們或者把女人的饒舌當作會說話。但北京女人的話卻人人願聽的，因為她們的聲音真是好極了。在缺少自然美的胡地裡，女人的聲音真是男人唯一的慰樂了。說是燕語鶯啼未免太俗，但是對的。從前在詩裡讀到這句時，以為是一種美麗的形容詞，卻不知道它是實感。」

　　談完北京女人的聲音，接著談北京女人的身體。劉吶鷗在日記中寫道，（她們）聲音雖好，身體從現代人的眼光來看，卻不能說漂亮。那腰以下太短了，然而纖細可愛，輕盈似飛燕，是能在北方壯漢手掌上跳舞的。那嘴好看極了，唇、齒、舌調和得十分勻稱，像熟透了的石榴裂開了一樣。布的衣露不出曲線，大紅襪卻有點色欲的元素。

　　那次北方行，他們還結識了一批住在京城裡的作家：馮雪峰、沈從文、丁玲、胡也頻、魏金枝、馮至、姚蓬子……當時的氣氛其樂融融，殊不料幾年後，文壇起硝煙，京派向海派發起挑戰，正是由沈從文的一篇題為〈文學者的態度〉起頭的。之後，海派重要文藝批評家杜衡憤而應戰，沈從文再發表文章〈論海派〉，將那場大論爭推向登峰造極。大論爭中，劉吶鷗始終未置一辭，卻也被亂紛紛的唇槍舌劍射中。沈從文在文中棍棒順帶一掃，斥責劉吶鷗的小說「邪僻」。

　　依筆者看來，沈從文和劉吶鷗的創作實際上是殊途同歸。兩

個人的作品中流露的是同一種殘缺的美。不同之處在於：沈從文的邊城世界散發著泥土的芳香，而劉吶鷗的都市風景瀰漫著病態的紅暈。沈從文的純情，劉吶鷗的矯情，都是人世間至純至美的真實感情。

沈從文是個具有水一樣氣質的人，他儒雅、謙和，對於命運的撥弄總是寵辱不驚。問題是，一生很少與人爭論的沈從文，為什麼會領銜挑起那場大論爭？分析其原因，歸納起來不僅涉及心理學，還涉及到社會學。平時隱忍慎獨的沈從文，心中視文學為神之殿堂，那方淨土一旦被冒犯遭褻瀆，他必須擔當起捍衛神之殿堂的神聖責任。

現代文學經歷了從個人覺醒到民族振興的一個啟蒙過程。當大革命的浪潮席捲而來，個人覺醒開始讓位於民族振興，許多作家開始否定「五四」以來有關人性解放的思想，批判個人主義。1927年，革命轉入低潮之後，「個人主義」更是被「集體主義」、「階級意識」所取代。在這種大背景下，對文學的理解就成了分歧的起點。沈從文只不過挑起了那場爭論，他並不是最激烈的反對者。有人寫了〈滾出文壇吧，海派！〉的文章，對海派肆無忌憚地攻擊；還有人在文章中謾罵：「海派之罪大惡極至此，雖用最黑的咒語詛咒它滅亡，亦不為過。」

那場大論爭已經過去大半個世紀了，如今心平氣和地來看，海派文學並非罪孽深重，而且，後來還出現了重量級作家張愛玲。就拿劉吶鷗來說，文學成就也不容小覷。劉吶鷗的作品數量不多，僅有一個薄冊子小說集。但這已經夠了，那本薄冊子被公認為是中國新感覺派的開山之作，評論家們說，劉吶鷗像一隻攜帶花粉的蜂蝶，從台灣飛到東京，從東京飛到上海，傳播花粉，延續美的歷程。

好友施蟄存曾有詩為證：

莲島歸來吶吶鷗，論文談藝薄前修。
不隨時變非高手，能躋尖端是一流。

進入1930年代以後，劉吶鷗從文學界轉入電影圈，精神上無家可歸的那種流亡感似乎漸漸稀釋了。隨著子女們（二子一女）的陸續出世，他的生活態度也有了許多改變。最明顯的改變是對待妻子的態度。1934年，劉吶鷗把一家人從台南接到了上海。據熟悉他的人說，劉吶鷗經常帶子女看電影，偶爾還帶著妻子黃素貞出入舞廳。黃素貞不無驕傲地對人說，她丈夫舞跳得真好，是上海的舞王。劉吶鷗喜歡逛百貨商店，去為妻子選購衣飾和皮鞋，他熟悉妻子所需的尺碼，完全不用試穿。他還習慣於為家庭添置床單、沙發墊之類的日用品，出手闊綽，像是為情人買禮物。年少時的浪蕩子劉吶鷗，到了中年卻變成了顧家的好丈夫、好父親。

永遠的微笑

劉吶鷗自述他一生有四大嗜好：手不釋卷、搓麻將、跳舞、看電影。

其中看電影一項，以前是業餘嗜好，後來變成了他的職業。1935年，劉吶鷗31歲，進入明星電影公司擔任編劇，完成了劇本《永遠的微笑》。這部電影後來由著名影星蝴蝶擔任主演，創下了年度最高票房紀錄。此後，劉吶鷗進入影壇當導演，並在電影理論上有所建樹。他主張「軟性電影」，希望恢復電影藝術純真的表現，絲毫不附帶思想。劉吶鷗說，電影是給眼睛吃的冰淇

淋，是給心靈坐的沙發椅，故而應當是軟性的。

在拍攝電影《永遠的微笑》時，他與導演吳村在選材、刪剪上時有爭執，劉吶鷗覺得自己的電影觀念不能完全實現，於是便親自操刀，拍攝了一部紀錄片《持攝像機的人》。這部包含了更多他個人風格的作品，在舊上海電影圈獲得了比較高的聲譽。

劉吶鷗，一個元氣淋漓的人。在他生命力最旺盛的時候，卻忽然走到了生命的終點。

1940年6月29日，另一個新感覺派代表人物穆時英在上海遭遇槍殺。當時穆時英是汪精衛政權下的《民族日報》社長、《國民新聞》社長兼總編。穆時英之後，好友劉吶鷗繼任他的位置。

劉吶鷗上任後，不知是壓驚，還是慶賀，特意邀請為報紙副刊寫稿的文友們在愚園路夜半舞廳吃了一餐豐盛的晚宴。身處暗殺時代，生命賤如草芥。誰也沒有想到槍聲這麼快會再次響起。1940年9月3日下午，海關大樓剛敲過兩點鐘，劉吶鷗向一個熟人告辭，說有事要先走。他匆匆忙忙跨出房間，從走廊向樓梯走去。這時候槍聲響了，一個預先埋伏在樓梯口的刺客拔槍連連射擊，遇刺的劉吶鷗用日語和中文交替呼喊：「我被殺了，我被殺了……」聲音慘澹淒迷，不絕於耳，至今恍若仍在半空中迴蕩。

坊間傳說：李香蘭是劉吶鷗的情人。當年活躍在上海灘的這一對大紅人之間究竟有什麼樣的關係？目前仍不得而知。李香蘭的《夜來香》讓人驚豔，她的身世命運讓無數人牽腸掛肚。2001年，台南縣文化局出版了六卷本《劉吶鷗全集》，其中有三張照片與李香蘭有關。一張是李香蘭簽名的明星照，上書「李香蘭贈劉吶鷗」，另外兩張是劉吶鷗去世後，李香蘭赴台灣演出期間在劉吶鷗墓地前與劉家人合影的照片。劉吶鷗的母親端坐在椅子上，李香蘭親密地偎依在她身旁；還有一張是攝於劉氏老宅前的

30多人的集體照，李香蘭赫然坐在劉氏一家老老少少之中。

　　台灣學者彭小妍曾經專赴日本訪過李香蘭。問起當年與劉吶鷗的交往以及劉臨死前的情景時，李香蘭是這麼說的：1940年9月3日，劉吶鷗同前一天一樣繼續他的電影製作。他們二人約定，翌日到南京路跑馬廳對面的派克飯店見面，商量合作一部電影的事。李香蘭按約定時間趕到，但是最終沒有等來劉吶鷗。第二天她才知道，那天下午劉吶鷗遭到了暗殺。

穆時英：玫瑰色的夢

　　穆時英（1912—1940），原籍浙江省慈溪縣莊橋鎮。他的父親是上海的一個銀行家，因此，穆時英自幼就到上海生活。讀中學時酷愛文學，之後就讀於光華大學文學系。

　　在現代文學史上，穆時英被譽為「新感覺派聖手」，同時也是中國現代都市文學的先驅者，海派文學的代表作家。1930年2月15日，他的第一篇小說〈咱們的世界〉在《新文藝》第1卷第6月號上發表，當時的編輯施蟄存曾用「使我非常驚異」來表述這篇小說帶給他的震動。並且大力推薦，不僅置於卷首，還向讀者特別推薦，認為穆時英雖然是「一個生疏的名字，卻是一個能使一般徒然負著虛名殼子的『老大作家』羞愧的新作家」。從此，穆時英正式登上文壇，嶄露頭角那年，他才18歲。

　　此後，穆時英陸續發表了一系列描寫底層民眾生活的小說，引起了當時文壇的關注，一時傳誦，彷彿左翼作品中出了個尖子，他的小說被推為無產階級優秀文學的作品。但是實際上，左翼文壇對穆時英的作品相當敏感，儘管肯定了穆時英從舊小說中探索出了屬於民眾的簡潔、明快、有力的語言風格；熟悉了無產者獨特的為一般知識分子所不熟悉的語彙，但仍一致認為，穆時英的作品在思想上有著「非常濃厚的流氓無產階級意識」。

　　1930年10月2日，穆時英的新作——中篇小說〈被當作消遣品的男子〉作為「一角叢書」之第5種出版，轟動一時。這篇以穆時英本人大學時的一段戀愛經歷為原型的小說，富有濃郁的意識流風格，與他過去發表的底層題材小說風格迥異，因此遭到左翼文壇的猛烈批判。其中，瞿秋白在對穆時英的批判中暗示穆時

英及其同夥「第三種人」是「紅蘿蔔」──外面的皮是紅的，裡面的肉是白的，認為這群人「表面作你的朋友，實際是你的敵人，這種敵人自然更加危險」。這種來自左翼的批判聲一直伴隨著穆時英隨後的創作生涯。

穆時英只活了短短的28歲。在他被暗殺後的相當長一個歷史時期內，人們普遍認為他的死是一個漢奸罪有應得的下場。但是到了20世紀70年代初，卻有人在香港撰文為穆時英辯誣，說他是中統特工誤殺。關於穆時英的身分和死因，人們議論紛紛卻又各執一詞，成為一宗謎案。

憂傷的公子哥兒

有一陣，穆時英在上海灘簡直玩瘋了。

他的好友、同樣也是新感覺派作家的黑嬰回憶說，穆時英「高高的個子，高高的鼻樑，長方型的臉，是很漂亮的20歲剛出頭的男子。他經常到一個名叫月宮的歌舞廳，和舞女跳起狐步舞，舞姿很優美。我的同學看了，說穆時英和他的舞伴是所有跳舞的人中跳得最好的一對。」

穆時英的舞伴非常固定，永遠是梳著波浪髮型的舞女仇佩佩。那個都市精靈、歡場尤物，即便後來成了他的妻子，穆時英也沒有要換舞伴的意思。穆時英迷戀仇佩佩身體上的一切。為了贏取她的芳心，公子哥兒不顧家境破敗的現實，花重金租住上海灘最現代、帶有衛生間和浴缸的新式公寓。他整日整夜陪伴仇佩佩，逛舞廳，看電影，打回力球，去賭博場……有一次，穆時英輸得精光，連4角錢的電車費都沒有，仇佩佩只好脫去了高跟鞋，赤著腳跟他一起走回家。

七、八年後，穆時英成了引領時尚潮流的新銳作家，名聲紅

遍了上海灘。一家雜誌社找他約稿，公子哥兒坐在歌舞廳的高腳椅上，隨手從衣兜裡掏出手抄本，在夢幻般的音樂聲中寫下了這段文字：

> 「我每天早上七點半起來，費半個鐘頭梳洗，吃早飯，上課。上完了課就和同學們談天。這是我的公式化了的大學生的生活。在這生活之外，還有我的私生活，那是生活的變化與新奇。每天下午，我沒有課，消費時間的方法大概是騎馬，打籃球，郊外散步，參加學生會，或是坐在校園裡吃栗子。一坐下去，我可以引了許多人來談天。因為大部分同學我是認識的。星期六便到上海來看朋友，那是男朋友，看了男朋友，便去找個女朋友偷偷地去看電影，吃飯，喝茶，跳舞。」

如果有人想瞭解舊上海十里洋場上公子哥兒的生活狀態，穆時英應該是一個真實的標本。那篇題為〈我的生活〉的回憶文章，寫的是他大學時代的生活。1929年，17歲的穆時英考入上海光華大學西洋文學系，4年的校園生活很快像雲煙一樣散去了，憶起來只有兩個字：悠閒。大學畢業後，公子哥兒來到一家洋行上班，依然是毫無節制地到處瘋玩。經常遲到曠工，終於被洋行開除。穆時英心裡甚至很高興，被開除了也好，省掉了許多羈絆。因為除了瘋玩之外，那時候公子哥兒還瘋狂地迷上了文學，他的小說正一篇接一篇地在雜誌上發表呢。

不過，玩瘋了的公子哥兒，內心卻有憂傷，像一面深藍色的湖泊。

在回憶文章〈我的生活〉中，穆時英說自己過著二重、三

重、四重……無限重的生活。「我是頂年輕的，我愛太陽、愛火、愛玫瑰，愛一切明朗的、活潑的東西；可是同時卻在心的深底裡，蘊藏著一種寂寞，海那樣深大的寂寞，不是眼淚和歎息所能掃洗的寂寞，不是愛人和朋友所能撫慰的寂寞。在那樣的時刻，我只有揪著頭髮，默默地坐著：因為我有一顆老了的心。我拚命地追求著刺激新奇，想使自己忘了這寂寞，可是我能忘了它嗎？不能的！」

掀開心靈帷幔之一角，隱約能窺見憂傷湖泊上的波光鱗影。

繁華成一夢

他的父親穆景庭是一名成功的實業家。父親早年做過各種生意，曾經是寧紹輪船公司和三北輪船公司的董事，鼎盛錢莊的大股東，經營過房地產，還獨自開辦了在上海灘名頭響亮的鴻興金號。這個浙江慈溪人，自從來到上海灘後，前半生一直順風順水，沒受過任何挫折。娶了個妻子石翠鳳，江蘇常熟人，是當地出了名的美人。婚後石翠鳳操持家務，愛讀小說，也喜歡打牌。穆時英說他母親「手指是專門為骨牌而生的」，每天家裡有兩桌客人，少年穆時英坐在牌桌邊上抽彩頭，一次可以抽到300多元錢。

那可真是個金色童年啊！穆時英兄妹5人（他是長子），每人一個保姆，家裡還有廚師、傭人、花匠、車夫。有一段時間，穆時英破碎的夢中畫面，全部是他家坐落在薩坡賽路（後改名淡水路）的那幢老別墅，連一些瑣碎的細節也記得清清楚楚。淺黃色油漆的牆壁，蘋果綠的紗窗，父親房間裡有五枚釘子，穆時英房間裡沒有，他心裡氣不過，拿了釘子去釘，剛敲到第4枚，父親聽見了，跑過來狠狠打了他十下手心。

　　穆時英還記得，別墅園子裡有八棵玫瑰樹，兩棵菩提樹。臥室窗前有一根電線，每天早晨醒來，電線上總是站滿了麻雀，衝著太陽唱歌，像一群嘰嘰喳喳活潑叫喚的音符。每天到了晚上，一個名叫根才的老園丁坐在池塘邊吹笛子，瓜皮帽下那張布滿憂鬱的臉，讓穆時英想起了泣血苦啼的杜鵑鳥。

　　那時候老祖母還在世。到了夏天，祖母滿院子追著捉他去洗澡，洗完了澡，撲他一脖子的爽身粉。然後將他放到菩提樹下的籐椅上坐好，保姆端來一碗蓮心粥，祖母緩緩地揮著扇子，一邊搧一邊數天上的星星：牛郎星、織女星、金牛星、天狼星、77顆掃帚星、88顆救命星、99顆白虎星……數著數著，穆時英在籐椅上睡著了，一覺醒來時卻睡在祖母的床上。

　　兒時的記憶中，母親石翠鳳永遠是個快樂的人。「母親是帶著濃厚的浪漫蒂克氣氛的，還有些神經質。她有著微妙敏銳的感覺，會聽到人家聽不到的聲音，看到人家看不到的形影。她有著她自己的世界，沒有第二個人能跑進去的世界，可是她的世界是由舒適的物質環境來維持著的。」穆時英說他從小「就在那些愉快的人，愉快的笑聲裡邊長大起來。在16歲之前，從不知道人生的苦味。」

　　穆家的變故是從鬧鬼開始的。有一天，他聽見傭人老馬在池塘邊繪聲繪色地講鬼故事。老馬戴一頂醬色破氈帽，模樣神神叨叨的，說他清晨趕早去挑水的時分，看見床底下滾出了一顆人頭。「張開血盆大口，綠舌頭像蛇信子，一伸一吐，怪嚇人！」穆時英走過去的時候，老馬忽然收住口，一邊搔頭一邊咧嘴傻笑。聽故事的傭人們全都用古怪的眼色看著少爺穆時英，他感覺後背脊上一陣發涼，打了個哆嗦，神祕地預感到家裡要出事。

　　穆時英15歲那年，有一天，父親一晚上沒有回來。穆家的氣

氛緊張極了，空氣中瀰漫著淡淡的柚子氣味。第二天下午，穆時英背著書包回家，屋子裡靜悄悄的，沒有骨牌聲、談笑聲，也沒有一個客人。傭人們蜷縮在廚房一角，一個個臉上堆滿了愁容。父親獨自一人坐在客廳裡，狠狠地抽著煙，兩圈黑眼皮，眼珠子深深地陷在眼眶裡邊。「只一個晚上，他就老了十歲。」若干年後，穆時英在小說〈舊宅〉中描寫了當時的情景，「他不像是我的父親。父親是有著愉快的笑臉，沉思的眼珠子，蘊藏著剛毅堅強的自信力的嘴的。他只是一個頹廢，失望的陌生人。他的眼珠子裡邊沒有光，沒有愉快，沒有憂慮，什麼都沒有，只有白茫茫的空虛。」

父親遭受重創的原因是股票生意慘敗。彷彿只是在剎那間，一個殷實富足的家破敗了，一切都煙消雲散，繁華成夢。

「完了，什麼都完了。我們家毀了──」母親把穆時英摟在懷裡，眼淚像斷了線的珠子，叭嗒叭嗒往下掉。接連幾個晚上，父親一個人待在臥室裡，把自己深藏在煙霧中，不睡覺，不吃飯，也不說話。家裡人全都踮起腳尖走路，連咳嗽聲也不敢發出來。第三天晚上，老祖母哆嗦著兩條細腿，讓穆時英扶到了父親的臥室裡，喊著父親的名字說：「錢去了還會回來，別把身體糟蹋了。就算倒了楣，英兒他們長大了，這個家還有希望。我們家三代沒做過壞事啊！」

父親沉默得像個銅鑄的人。過了一會，兩滴眼淚蝸牛似的緩慢流下來，篤篤地掉在地毯上，彷彿兩塊千斤石一般沉重。

幾天後，淡水路上的穆家別墅舊宅賣給了俞家。搬家的頭一天晚上，穆時英把床底下那只小鐵箱拿出來，寫了張紙條放在裡邊，紙條上寫道：「穆時英之臥室，民國十六年五月八日」。他把小鐵箱藏在一個祕密的牆洞裡，找了塊木片把洞口封上了。心

裡暗自想，將來賺了錢，一定要把房子買回來。

穆景庭生於1877年，到家境敗落的1927年，屈指算來正好50歲。在穆時英筆下，50歲的父親已經進入遲暮之年。穆時英說，「父親是那麼地不肯失禮、不肯馬虎的一個古雅的紳士；那麼地不肯得罪人家，那麼精細的一個中國商人——可是為什麼讓他生在這流氓的社會裡呢？」在穆時英眼裡，父親是歷經世故的老人，同時又有一顆純潔的、天真的，孩童般的心。

父親躺在病榻上，死神拍打著翅膀在他頭頂上飛翔。父親的彌留之際，整個人脆弱得像個孩子，他把穆時英叫到床前，喃喃地訴說：「人真是卑鄙的動物啊！我們還住在舊宅裡邊時，每天總有兩桌人吃飯。現在可有一個鬼來瞧瞧我們沒有？我病到這步田地，他們何嘗不知道！都是十多年的老朋友，許多還是我一手提拔起來的，就是來瞧瞧我的病也不會損了他們什麼的。人真是卑鄙的動物啊……」父親的聲音永遠留在了穆時英的耳邊，伴著他抽噎的嗚咽聲。

家道中落給了穆時英很大的打擊，世界在他眼中變得虛幻起來，青年穆時英陷入了極度的迷茫。精神家園的缺失，使得他後來只能在燈紅酒綠、醇酒美人中尋找強刺激。正如穆時英在他的小說集《白金的女體塑像》自序中所說：「我是在去年突然地被扔到鐵軌上，一面回顧著從後面趕上來的，一小時五十公里的急行列車，一面用不熟練的腳步奔逃著的，在生命的底線上游移著的旅人。」

初登文壇

實業家穆景庭生前喜歡抽雪茄，愛喝白蘭地。在彌留之際，父親把他未能完成的黃金夢寄託到了兒子穆時英身上。穆時英

說，父親「是在我身上做著黃金色的夢的。每天晚上，家裡要是沒有客人，他就叫我坐在他旁邊讀書，他閉著眼，抽著煙，一邊聽我讀書，一邊悠閒地晃腦袋。」穆景庭的想法和所有父親的想法相同，希望兒子長大之後繼承實業，為穆氏家族光宗耀祖。

母親說：「小孩子別太管嚴了。身體要緊，讀書的日子多著呢！」

父親樂呵呵地說：「管孩子是父親的事情，打牌才是你的本分。」

父親病逝後，穆時英再也沒有人管束，他像一匹失去了籠頭的野馬，在燈紅酒綠的大上海撒開蹄子恣意馳騁，成了個漂泊無根的浪蕩子。幾年後，穆時英在香港總結自己的一生時這樣寫道：「二十二年少爺，兩年浪蕩子，一年貧士，兩年異鄉客。」

1931年是穆時英短暫人生中的一個重要年份。這一年元月，經好友施蟄存推薦，他的小說〈南北極〉在〈小說月報〉上發表，此後不久，〈黑旋風〉、〈咱們的世界〉、〈手指〉、〈偷麵包的麵包師〉等一批小說相繼發表。這些作品次年元月由湖風書局出版，是穆時英的第一個短篇小說集──這一年他19歲。

〈南北極〉的出版贏得了文壇的一片叫好聲。蘇雪林在序言中對小說集讚揚備至，認為穆時英的文字有射穿七層盔甲，氣吞金牛之氣概。「他用他那特創的風格，寫出一堆粗獷的故事，筆法是那樣的精悍，那樣的潑辣，那樣的大氣磅礴，那樣的痛快淋漓，使人初則戰慄，繼則氣壯，終則好像自己也恢復了原始人的氣質，雖野蠻令人可怕，卻也能擺脫數千年虛偽禮儀和習俗和束縛，得到幕天席地，獨來獨往的自由，可以治療我們文明人的神經衰弱症。」

為穆時英叫好的還有眾多左翼作家。他們將穆時英牛刀初

試的創作定性為普羅小說，給他戴上了「普羅小說之白眉」的桂冠。

　　普羅的英文Proletaria，即無產階級，音譯「普羅列塔利亞」。所謂「普羅小說」，指的是以描寫無產階級革命為內容的小說。應該指出的是，二十世紀二、三十年代，文壇始終籠罩在左翼文學的語境之下，即便作為殖民化的商業大都市上海也不例外。隨著中國共產黨的成立，俄國革命的影響，國民黨「四一二」政變的發生，上海的工人運動風起雲湧，太陽社、創造社、左聯等左翼文學團體紛紛成立，左翼文學迎來了一個興盛的黃金時期，「普羅文學」的號角聲此起彼伏。中國文學開始從「文學革命」轉入「革命文學」時期，「紅色三十年代」拉開了序幕。左翼作家宣導的這種適應革命要求的文學主張以不可壓倒之勢雄踞文壇。比如，被稱作文化旗手的郭沫若就直接宣稱，「文學等同於革命」。

　　在這種大背景下，初登文壇的穆時英不可能不受影響。何況，敗落的家世在他心理上留下的哀痛陰影實在太濃。有學者說，〈南北極〉寫的是潛意識的穆時英。在穆的潛意識中，通過普羅文學的革命性質和無產者打碎鎖鏈的強烈破壞欲、復仇欲，表達了他對父親破產、家庭破敗的「流氓社會」的詛咒和反抗。這話不無道理。

　　〈南北極〉中的人物有海盜、鹽梟、土匪、洪門子弟、乞丐、汽車司機、人力車夫等等，他們一個個都是魯智深、李逵、武松的性格，動不動就罵人，打人耳刮子，唾人一臉痰沫。小說中的男人頭腦簡單，肌肉發達，行為粗魯，滿身匪氣。他們遭受到女人的傷害後，把女人當作「賤東西」恨得咬牙切齒，並施以瘋狂的報復，以強佔或者殺掉那些女人結束故事。而小說中的女

人，則都不講情義，不守諾言，愛慕虛榮，妖媚淫蕩，全都是
「小狐媚子」、「娼婦」、「閻婆惜」。

　　蘇雪林說穆時英有兩副決然不同的筆墨。一副寫充滿原始
粗野精神的〈南北極〉，一副寫表現現代細膩感覺的〈公墓〉和
〈白金女體的塑像〉。兩種風格距離之遙猶如南極與北極，居然
出自同一人之手，實在讓人詫異。

　　請看〈南北極〉中的文字：

　　　　嗳啊，嗳啊，嗳……呀！
　　　　咱們全是窮光蛋哪！
　　　　酒店窯子是我家，
　　　　大海小洋是我媽，
　　　　賒米賒酒，賒布，柴，
　　　　溜來溜去騙姑娘──
　　　　管他媽的！滾他媽的！
　　　　咱們全是窮光蛋哪！
　　　　嗳啊，嗳啊，嗳……呀……

　　再看〈夜總會裡的五個人〉中的文字：

　　　　「大晚夜報！」賣報的孩子張著藍嘴，嘴裡有藍的牙
　　齒和藍的舌尖兒，他對面的那只藍霓虹燈的高跟兒鞋鞋尖
　　正沖著他的嘴。
　　　　「大晚夜報！」忽然他又有了紅嘴，從嘴裡伸出舌尖
　　兒來，對面的那只大酒瓶裡倒出葡萄酒來了。
　　　　紅的街，綠的街，藍的街，紫的街……強烈的色調

化妝著都市啊！霓虹燈跳躍著──五色的光潮，變化著的
光潮，沒有色的光潮──氾濫著光潮的天空，天空中有了
酒，有了煙，有了高跟兒鞋，也有了鐘……

粗野與細膩，原始與現代，野蠻與優雅，穆時英的兩副筆
墨全都充滿了誇張、扭曲和變形。讀他的小說，猶如置身於一個
四面都是哈哈鏡的房間，到處都是怪異的頭髮、眼睛、鼻子和嘴
巴，讓人感覺驚愕、暈眩，卻忍不住還是會饒有興致地看下去。

聖手

穆時英在出版了普羅小說《南北極》之後，忽然來了個華麗
的轉身，發表了題為〈被當作消遣品的男子〉的短篇小說，並由
此發端走上另一條創作道路，連續出版了《公墓》、《白金女體
的塑像》等新感覺派小說集。這些小說引起了左翼批評家的激烈
批評，瞿秋白寫文章將穆時英比作「紅蘿蔔」，皮是紅的，肉是
白的，「表面上做你的朋友，實際是你的敵人，這種敵人自然更
加危險」。

連性情溫和的作家沈從文，也寫了篇〈論穆時英〉的文章，
認為穆時英的小說「邪僻」。沈從文說：「照這樣下去，作者的
將來發展，宜於善用所長，從事電影工作。若機緣不壞，可希望
成一極有成就的導演。至於文學方面，作者即或再努力，也似乎
不會產生何種驚人好成績。」

另一方面，穆時英那些新感覺派作品的問世贏得了社會廣
泛的喝彩。有人回憶當時的情景：穆時英的作品席捲上海大小書
攤，就像霞飛路上流行的法國時裝款式一樣受人追捧。電車上、
公園裡，年輕人幾乎每人執一冊刊載穆時英小說的雜誌，以示

新銳時髦。穆時英還成了30年代摩登上海的代名詞，最紅火的時候，穆時英被人簇擁，夾道歡迎，是滬上名門閨秀的夢中情人。連他小說裡面的一些句子，都被商人拿去做廣告詞。

穆時英被稱作天才作家，新感覺派文學的聖手。

作家蘇雪林評論說：「穆時英是最成功的新感覺派代表，是都市文學的先驅作家。」

好友劉吶鷗比他大7歲，來到大上海掀起了一股令人眩暈的「新感覺旋風」，被公認為是新感覺派文學的開路先鋒。但是劉吶鷗認為穆時英的小說寫得比他漂亮。有一次，劉吶歐在舞廳裡跳舞，有人說：「你和穆時英很相像，舞跳得好，小說也寫得好，真是一對雙子星。」劉吶鷗沉吟片刻回答說：「不，我和穆時英的區別是，我的舞比他跳得好，他的小說寫得比我好。」

另一位好友施蟄存回憶他和穆時英相識的經過時說：「他在光華大學讀書時跑來水沫書店，給《新文藝》送來了他的小說〈咱們的世界〉，那時他只有17歲。讓我非常驚異。這個絕頂聰明的人，無論什麼一學就會。」在發表〈咱們的世界〉時，施蟄存不僅將小說放在頭條，還特地寫了〈編輯的話〉向讀者推薦：「穆時英先生，一個在讀者是生疏的名字，一個能使一般徒然負著虛名的殼子的『老大作家』羞愧的新作家。」

連穆時英自己也在小說〈被當作消遣品的男子〉中毫不掩飾他的得意。在小說中，穆時英塑造了一個集合著「JAZZ、機械、速度、都市文化、美國味、時代美」的女大學生蓉子小姐，每天晚上，穆時英總在她窗前吹口笛學布穀鳥叫，她像個孩子似的跳出來，嘴裡低聲唱著小夜曲。穆時英與蓉子有一段對話：

「你讀過《茶花女》嗎？」

「這應該是我們的祖母讀的。」

「那麼你喜歡寫實主義的東西嗎？譬如說，左拉的《娜娜》，陀斯妥耶夫斯基的《罪與罰》……」

「想睡的時候拿來讀的，對於我是一副良好的催眠劑。我喜歡保爾‧穆杭，橫光利一，崛口大學，劉易士——是的，我頂愛劉易士。」

「在本國呢？」

「我喜歡劉吶鷗的新的藝術，郭建英的漫畫，和你那種粗暴的文字，獷野的氣息……」

20世紀30年代，是穆時英風靡上海文壇的年代。他的好友、文學評論家杜衡在〈關於穆時英的創作〉中說：「最近兩年來的努力是時英努力的開始。開始時的缺憾是不能免的，我們相信，時英的理智往往壓不住感情。因此在他的作品裡要求社會的效果，是往往連他自己都把握不定的。然而作為開始，像他這樣的成就已經足以使無數走在他前面的人們慚愧了。」

杜衡寫這篇評論時是1933年，那一年穆時英21歲。然而，誰能想得到呢，穆時英，被文壇寄予厚望的一名先鋒作家，卻在剛剛開始不久的地方倒下了。

在追獵尤物的路上

父親去世之後，穆時英的精神頃刻間崩潰了。這個過慣了公子哥兒生活的人，忽然覺得自己被扔在了荒漠野地，倉促凌亂的腳步逃奔著。用他自己的話說：「失去了一切概念，一切信仰；一切標準、規律、價值全都模糊起來。人間的歡樂，悲哀，

煩惱，幻想，希望……全都萬花筒似的聚散起來，播搖起來。」
（《白金的女體塑像》自序）。

　　光華大學畢業後，穆時英在洋行裡上過幾天班，很快又因不
遵守勞動紀律失業了。不過，穆時英並不在乎那個崗位。他流連
於大上海的舞廳、酒吧、電影院、跑馬場、回力球場……靠著豐
厚的稿費收入，穆時英又過上了奢靡的生活。爵士樂、狐步舞、
混合酒、香水、煙草……穆時英在其間瘋狂地跳舞，喧囂的樂
曲，搖曳的燈光，一切都在發瘋似的旋轉，只有他的一顆心是
空的。

　　穆時英在小說〈上海的狐步舞〉中，這樣描寫舞廳裡的場
景：「蔚藍的黃昏籠罩著全場，一隻Saxophone（薩克斯）正伸
長了脖子，張著大嘴，嗚嗚地沖著他們嚷，當中那片光滑的地板
上，飄動的裙子，飄動的袍角，精緻的鞋跟、鞋跟、鞋跟、鞋
跟、鞋跟。蓬鬆的頭髮和男子的臉。男子襯衫和白領和女子的笑
臉。伸著的胳膊，翡翠墜子拖到肩上，整齊的圓桌子的隊伍，椅
子卻是凌亂的。暗角上站著白衣侍者。酒味、香水味、英腿蛋的
氣味、煙味……」

　　有一個夜晚，穆時英在舞廳裡遇到了那個尤物。她是仇佩
佩，月宮舞廳裡的當紅舞女。穆時英第一次瞧見她的印象是這樣
的：「她有著一個蛇的身子，貓的腦袋，溫柔和危險的混合物。
穿著紅綢的長旗袍兒，站在清風上似的，飄蕩著袍角。這腳一上
眼，就知道是一雙跳舞的腳，踐在海棠那麼可愛的紅緞的高跟兒
鞋上。把腰肢當作花瓶的瓶頸，從這上面便開著一支燦爛的牡丹
花。一張會說謊的嘴，一雙會騙人的眼——極品哪！」

　　穆時英被那個鬢角上別著粉色康乃馨、耳朵下掛著寶塔形耳
墜子的尤物給深深迷住了。他和她跳舞，音樂聲中踩著鼓點，在

舞池中輕盈翻飛，似一雙翩躚的蝴蝶。「夜上海，夜上海，你是個不夜城。華燈起，樂聲響，歌舞昇平。酒不醉人人自醉，胡天胡地蹉跎了青春……」這首後來名揚四海的《夜上海》，就好像是專門為穆時英和仇佩佩而寫的。

穆時英12歲時，家裡曾為他訂了一門親上加親的婚約。上大學後，穆時英堅決要退掉婚約，一度還以離家出走相威脅。在舞廳裡迷戀上了仇佩佩，穆時英不敢讓家裡人知道。他拚命寫小說，賺了一大筆錢為仇佩佩贖身。1934年6月23日，穆時英和仇佩佩在上海北四川路新亞酒店舉行了婚禮。按照常規，南方人的婚禮一般不會在暑熱的季節裡舉行，特別是江浙地區，黃梅天氣結婚有「熱昏」之說。仇佩佩比穆時英大6歲，他們的婚禮說起來似乎有點反常。

還真是好景不常。結婚後的日子，穆時英依然縱情歡場，夜夜笙歌。穆時英太喜歡賭博了，每次拿到了一筆稿費，總是要先到賭博場去投注。更加糟糕的是，他與妻子仇佩佩的感情也出了問題。1935年8月，夫妻分居，仇佩佩遠走香港——這時他們結婚才剛滿一年。

1935年的穆時英似乎被幾種力量撕裂了。這年2月，穆時英開始擔任《晨報》副刊《晨曦》的主編，這在他的創作生涯中應當被視作一個重要事件。自此以後，穆時英的小說創作越來越少，他更多的精力放到了散文創作，尤其是電影批評方面，和劉吶鷗一起宣導「軟性電影」。作為新感覺派小說家的穆時英正在逐漸遠去，散文家、影評人的穆時英面目越來越清晰。

8月，穆時英與妻子仇佩佩分居後，孤寂中一度有過重新寫小說的打算。他的野心是創作一部鴻篇巨制：《中國一九三一》。學者嚴家炎認為，穆時英這部未能完成的長篇小說受美國

作家多斯・帕索斯《美國三部曲》的影響，試圖讓都市景觀承載更多的意義，並藉此成為民族寓言的一部分。有的學者指出，穆時英的《中國一九三一》是對茅盾作出的一個挑戰姿態，茅盾的長篇小說《子夜》，副標題是「1930年的一個中國傳奇」。

　　作為公子哥兒的穆時英，從一開始介入大都市的生活就與其他中國作家完全不同。穆時英對上海有種血緣般的親切感。當茅盾、沈從文、郭沫若等作家對上海持批判態度的時候，穆時英卻領略到了墜入其間的眩暈，且從眩暈中體會到了難與人言的幸福。同時，穆時英也十分明白這座現代都市的罪惡，他在《上海的狐步舞》開篇寫道：「上海，造在地獄上面的天堂！」狂歡、孤獨、頹廢，以及骨子裡的迷戀，通過穆時英的筆流到了紙上，渲染出一幅幅奇異的魔都印象畫。有人說現代文學只有到了新感覺派的劉吶鷗、穆時英、施蟄存這裡，海派才最終越過了通俗文學，攀上了先鋒文學的高度。細細品味，此話不無道理。

　　在《〈公墓〉自序》中，穆時英強調〈上海的狐步舞〉是長篇小說《中國一九三一》的一個斷片，是「一種技巧上的試驗與鍛鍊」。〈夜總會裡的五個人〉則是「想表現一些從生活上跌下來的，一些沒落的Pierrot（江湖小丑）」。從這些陸續發表的長篇小說斷片中，大體上能看出《中國一九三一》的輪廓，穆時英想採用電影鏡頭轉換的方式，對大上海進行全景式掃描，鏡頭所至之處，是一個個栩栩如生的鮮活場景。

　　對於穆時英來說，仇佩佩是他的尤物，新感覺派小說同樣是他的尤物。在追獵尤物的路上，他意趣盎然地走著，做著一個個玫瑰色的夢。

　　據《穆時英年譜簡編》記載，1936年4月的一個下午，穆時英搭乘「紅伯爵」號海輪開往香港。有人說他是為了躲避戰禍，

也有人說他是為了追蹤離開的太太。據說，太太仇佩佩賭氣離開上海前曾經留話，要想挽回夫婦關係，除非穆時英剃光頭表示誠意。

關於穆時英在香港那三年多的生活，友人卜少夫、侶倫、黑嬰、嵇康裔等均撰寫了回憶文章。總體上說，穆時英在香港過得很窘迫。最初一段時間他和太太住在九龍城，租了間鴿子籠，裡頭什麼擺設都沒有，生活簡樸得像居士。仇佩佩卸下了舞衣，專職做家庭主婦，兩個人安靜地相處。在友人們的印象中，穆時英穿著夾袍，兩手籠在袖口裡，踱來踱去講小說構思。穆時英說他肚子裡有幾個長篇，像胎兒在生長。實際上，香港時期的穆時英疲倦、落魄，他到處找人，謀職，日子過得窮困潦倒。有半年時間，穆時英關起門來讀書、寫作，他住的那間鴿子籠，每天午夜都最晚熄燈。穆時英曾經嘗試用英文寫小說，想走林語堂的路子，並且在雜誌上發表過一兩篇。

到了1938年春天，一批文友從上海撤退到了香港。杜衡、葉靈鳳、張光宇、歐外歐、張若谷、丁聰、徐遲、袁水拍、馮亦代、胡蘭成……最讓人欣喜的是有母親石翠鳳、妹妹穆麗娟和妹夫戴望舒。這些文化人聚集在西環半山地區的太白樓，採取大家庭制度，吃喝都在一起，每週舉行一次文藝座談會。報紙、雜誌以及各種各樣的小冊子從這裡流向國內，太白樓儼然成了香港的文化中心。

作家卜少夫認為，穆時英後來投靠汪精衛政權與胡蘭成有關。卜少夫說，穆時英看上去是個摩登人物，衣服穿得很時髦，懂得享受，煙捲、糖果、香水等等，舉凡近代都市中的各種知識，他都具備。在香港期間，穆時英讀了很多有關政治的書。

事實上，那段時間穆時英的精神陷入了困境。他有些迷茫，

不知道該往哪個方向走。有一次,他發呆地問日本友人:「在我們國家,什麼時候能像你們國家一樣,可以靠藝術吃飯啊?」穆時英的困惑是,像昔日那樣寫新感覺小說,夢幻般的都市已經不存在了,戰爭毀滅了一切,包括新感覺小說;他也不會像重慶的那些夥伴高喊抗日口號,喊口號是政治不是藝術。

穆時英最後的抉擇是回上海。1939年10月28日,穆時英和母親、太太一起從香港啟程,回到上海不到一星期,即隨電影界人士訪日。次年3月22日,《國民新聞》報正式創刊,穆時英任社長。

穆時英是被人刺殺的。關於他被刺殺的原因,至今仍然是一個謎。普遍的說法是,刺客是重慶方面派的人。作家張資平卻對記者說,穆時英並不是身居高位的政要,要殺的話也輪不到他。按照張資平的說法,穆時英離開香港前對重慶方面有口頭承諾,答應「將上海的情報送到重慶」,然而到上海後穆違約了,想和重慶斷絕關係。重慶方面是將穆時英當作叛徒處決的。張資平的這個說法,後來穆的好友嵇康裔也說過大致相同的意思。

一個天才作家就這樣消失了,他死的時候才28歲。

抗戰勝利後,有人在上海街頭見到了仇佩佩。提到穆時英的時候,仇佩佩的感情半點也不激動,她像講別人的趣事那般輕鬆。她說穆時英回到上海後處境很糟糕,心裡有些悔意,但是沒有辦法。每天到了晚上,穆時英都擔心有人要來刺殺他。「他終於解脫了,我呢,還得要苦海中掙扎下去。」仇佩佩的聲音低沉,恍若風中的一縷游絲。

施蟄存：一個角色的完成

施蟄存（1905—2003年），原名施德普，字蟄存，常用筆名施青萍、安華等，浙江杭州人，8歲時隨家遷居江蘇松江（現屬上海市）。1922年考進杭州之江大學，次年入上海大學，1926年轉入震旦大學法文特別班，與戴望舒、劉吶鷗等創辦《瓔珞》旬刊。1928年後，任上海第一線書店和水沫書店編輯，參加《無軌列車》、《新文藝》雜誌的編輯工作。1932年起在上海主編大型文學月刊《現代》，並從事小說創作，是中國「新感覺派」的代表作家之一。

早在30年代，施蟄存就是中國最有影響的心理分析小說家，並且通過他主編的30年代最大的文學刊物之一《現代》，培植出中國現代文學最成熟最完善的一批現代派，使現代主義進入中國現代文壇並形成氣候，造成中國文壇現實主義、浪漫主義、現代主義三足鼎立的現象——從這個意義上說，施蟄存在中國文壇的地位和對中國文壇的貢獻不能低估。

施蟄存的創作以寫心理分析小說著稱，著意描寫人物主觀意識的流動和心理感情的變化，追求新奇的感覺，將主觀感覺融入對客體的描寫中去，並用快速的節奏表現病態的都市生活，是中國早期現代派作家的優秀代表人物。他的小說，宛如身著華麗的中式旗袍，在傳統民樂的伴奏下跳著異國的華爾滋。

施蟄存胸襟豪放超然，不耽於黨同伐異的文壇紛爭。當編輯，他便積極扶植新銳；當作家，他又能掙脫俗務（他曾在上海松江縣立中學當教員），黽勉力行，自當楷模，所作大都是精心策劃之作，在30年代的上海文藝界獨當一面。

　　2003年11月19日，施蟄存在上海家中病逝，享年99歲。朱大可認為：施蟄存不是顧準式的文化英雄，他並未直接批判專制，卻保持了知識分子的氣節；他雖不能「大濟蒼生」，卻做到了「獨善其生」。

不死草

　　1905年12月1日，施蟄存出生於杭州水亭址錢塘縣學府旁。依照農曆，那一年是蛇年。龍是天上的龍，蛇是地上的龍，《易經》上說：「龍蛇之蟄，以存身也。」他出生時的冬天正是蛇蟄伏地下之時，父親特地為他取字：蟄存。

　　「蟄存」是一種人生哲學。施蟄存年輕時身體並不好，卻活到了99歲高齡。他30歲患黃疸病，後多次復發，40歲得傷寒病，久病纏身，苦楚多多，但有一椿好處：讓他養成了良好的生活習慣，一天吃兩頓飯，過簡樸的生活。他不喜歡吃補品，但是對紅棗、雞蛋、咖啡、粽子、水果等物情有獨鍾。1950年代起，他活動的範圍基本上是兩點一線──從家裡到學校，再從學校到家裡。施老說，寫作是他最大的養生之道。他的日常生活除了睡覺，大部分時間都在看書讀報，每天要看六、七份報紙。偶爾出門也只是去書店，或去看老朋友，閒暇時玩玩古董，品瓷賞玉，再就是無休無止地寫信，整理舊稿。

　　上世紀六、七十年代，施蟄存被貶至農村勞動改造，與農人並肩在田間摘棉花，摘著摘著，施老悟出了一條人生道理：當柔軟的棉花受到外部強力擠壓時，縮成一團顯得渺小無力；一旦外部擠壓放鬆，又倔強地恢復了原貌。棉花的妙處在於收放自如的彈性。無為而治，順其自然，老莊哲學的精髓似乎被施老悟透了，他像一株不死草，憑藉強大的內心力量頑強生長，無論是烈

日炎炎，還是嚴寒霜雪，都會泛起生機盎然的翠綠。

美國有位女學者叫孫康宜，長期與施蟄存通信探討詞學研究。施老91歲那年，兩人第一次見面，孫康宜鼓足勇氣問了個哲學性的問題：您認為人生的意義何在？91歲的長者起初報以無言的微笑，接著慢悠悠地答道：「人生說不上什麼意義。不過是順天命，活下去，完成一個角色。」

簡短一句話，飽含著他對生命的深沉思考。

那麼，這個角色，施老又是如何用一生來完成的呢？

大學時代

1923年，施蟄存和好友戴望舒一起進入上海大學讀書。那一年施蟄存19歲，戴望舒晚出生一年，18歲。

十八、九歲的年齡，正是容易被外部世界誘惑的時段。此時，大規模學運浪潮還不像後來那樣如火如荼，偶爾零星爆發的遊行集會，並沒有對施蟄存的生活形成多大干擾。開學後，施蟄存擔任班長。他購置了生平的第一個日記本，是那種普通的硬面小形厚抄薄，用藍黑墨水開始記錄自己的人生。

7月23日

下午二時後已無課，天氣極好。在江邊讀《園丁集》。

7月30日

晚飯後，散步宿舍前，忽見六和塔滿綴燈火，晃耀空際，且有梵唄鐘磬聲出林薄，因憶今日為地藏誕日，豈月輪寺有視典耶？遂獨行到月輪寺，僧眾果在唪經，山下漁婦牧豎及同學多人，均行遊廊廡間，甚擁塞。塔門亦開放，頗多登陟者，余躊躇

不敢上。看放焰口至九時。

8月17日

　　晚飯後，在程君房中閒談，忽從窗中見錢塘江中燈火列成長行，凡及一二里，大是奇觀。遂與程君同下山，在操場前江岸邊瞭望，方知是夜漁也。欻忽間，漁舟繞成圓陣，燈火亦旋作闤形。皓月適照江心，如金剛圈繞水晶鏡也。須臾，忽聞江上沙沙有聲，則數百張網一齊撒下矣。波搖金影，目眩神移，生平未見此景也。

8月20日

　　今天未進城。上午睡覺。下午攜《漸西村人詩集》一冊到徐村江邊大石磯上坐讀，頗艱澀，不數頁即廢輟。

9月7日

　　今日課畢後，從圖書館借得拜倫詩一本，攜至山下石橋上讀之。

　　若干年後施蟄存回憶說，大學時代讀書，「在學問方面並未有多大長進，但在自然景色方面，倒著實享受了一些。那時我常常帶了書本，在江邊沙灘上找一塊大石頭坐了看書。」

　　上世紀二、三十年代，世界在人們身旁轟轟烈烈地行走，大時代激昂的腳步聲響徹校園內外。各種思潮海浪般喋喋不休地撲來，偌大的中國再也放不下一張書桌，安靜讀書的學子也難免置身事外。施蟄存所在的上海大學，是一個新創辦的貌不驚人的「弄堂大學」，幾個文化人未經去政府註冊，豎起一塊招牌，招

了幾十個學生，學校就算成立了，當時上海人稱其為「野雞大學」。儘管如此，但它的精神卻引領時代風氣之先。施蟄存聽過很多老師的課，劉大白、沈雁冰、田漢、惲代英、瞿秋白、方光燾……那些在時空中熠熠閃光的名字，當時也只有二、三十歲。大師群體的出現，與歷史環境有關。那個時代恰逢傳統文化價值體系瓦解以及西方文化的劇烈衝擊，在東西方文化互相衝撞的激盪中，產生了一代偉大的學人。

大江奔騰，免不了有隨波逐流的泡沫。近代學者蔣廷黻在回憶錄中寫道：「中國最壞的大學就是我們所謂的『野雞大學』。他們很少注意教育問題，專門去搞煽動、演說、運動，去擁護某一方面或反對某一方面。所以一旦報上登出中國學生在某地鬧風潮了，我們就會認為參加的人一定是『野雞大學』的學生。」

施蟄存最初捲入政治，是好友戴望舒聯繫的。施蟄存非常欣賞戴望舒的才華，一生中對戴的提攜和資助不計其數，無微不至的關懷，如兄如父。但是在政治上，戴望舒卻是施蟄存的領路人。1925年初冬，戴望舒、施蟄存、杜衡這三個年輕人加入了共青團和國民黨，每人領到了一張國民黨員的黨證。施蟄存解釋，當時上海還在軍閥統治之下，無論共產黨或國民黨，都是「匪徒」，都在「應予逮捕」之列。施蟄存曾經參加過寥寥無幾的兩三次活動，到西門路一幢里弄民房中去開會，到會人數一二十人，各不相識。有一個神祕的交通員，經常神不知鬼不覺地出現在校園的寢室門口，悄悄塞給他們一份通知，一份簡報，或者一疊傳單。到了下一個晚上，八、九點鐘，施蟄存、戴望舒、杜衡三個人一起出去散步，一個人走在前面，留神街頭有無巡捕；一個人走在後面，提防身後有人跟蹤；走在中間的人便從口袋裡抽出折疊好的傳單，挨家挨戶塞入每家的門縫中。「有時候到小店

鋪裡去買一盒火柴，一包紙煙，隨手塞一張傳單在櫃檯底下。」

施蟄存的「革命生涯」也就僅此而已。

有一天，戴望舒、杜衡到馬浪路一個團小組的屋子裡去開會。上樓一看，閣樓裡一片狼藉。桌子上是一架搗毀了的油印機，滿地丟落的都是紙張。一見此情此景，兩人心知不妙，趕緊從樓上退回。在後門口，他們還是被法國巡捕逮住了，扣上手銬，送往嵩山路巡捕房，關了兩天。這一事件的嚴重性還在於：戴、杜二人幾乎被引渡到金華，被軍閥槍斃。幸虧戴望舒的機智應對，才得以脫生。

殘酷的政治鬥爭，使施蟄存明白了革命並不浪漫。若干年後，施蟄存剖析自己是「政治上左傾，文藝上自由主義」，他在回答台灣作家鄭明娳、林耀德的提問時說：「四‧一二事變國共分裂後，我才曉得我們這些小共產黨員只有死的份，沒有活的機會。葛利爾恰爾曾經說：『所謂政黨，是指大多數人犧牲，少數人掌權享受。』18世紀的話，到今天仍然是真理。從此我不再搞政治。戴望舒、杜衡和我都是獨生子，我們都不能犧牲的。」從此，慢慢地，他與政治漸行漸遠，躲進了藝術的象牙塔，做美麗斑斕的白日夢。

文學工廠

1927年政局突變，國民黨擴大反共，一時間風聲鶴唳、草木皆兵。

戴望舒、杜衡是當時政府通輯的「危險分子」，住在家中不安全，於是來到上海松江縣，暫住在施蟄存家中的小廂樓裡。小小避難所，成了他們的文學工廠，好幾個月的時間裡，三個人閉門不出，連樓也不下，每天除了讀書閒談之外，大部分時間用

於寫作、翻譯外國文學作品，成果頗豐。戴望舒譯出了法國作家沙多布裡安的《少女之誓》，杜衡譯出了德國作家海涅的《還鄉集》，施蟄存譯出了愛爾蘭詩人葉芝的詩和奧地利作家顯尼志勒的《蓓爾達‧迦蘭夫人》。

　　雨中的江南，數不清的悠長而又寂寥的水鄉小巷，兩岸店鋪高高掛著一串串大紅燈籠，阿婆和清純的江南妹子一邊划船，一邊唱著優美動聽的江南小調。三個人就在這樣的環境裡，沉湎於文學的迷宮中。

　　到了第二年6月，他們與光華書局接洽，準備籌辦一個月刊《文學工廠》。刊名頗時髦，且富有革命味兒。刊物編好了兩期，有戴望舒的詩〈斷指〉、杜衡的翻譯文章〈無產階級藝術的批評〉、施蟄存的擬蘇聯式革命小說〈追〉以及一些蘇聯、日本的外國文學作品。第一期編好的稿子送到上海光華書局，卻遭遇了麻煩。光華書局老闆沈松泉擔心內容有被禁之虞，不敢刊印出版了。攜稿子去上海送審的戴望舒氣得臉色鐵青，臉上的白麻子漲成了紫紅色，將排好版的稿子重重地摔到桌子上，憤慨地說道：「混蛋！統統排好了版，老闆才看內容。說是太左傾了，不敢印行，這個走路都怕踩死螞蟻的沈松泉！」

　　戴望舒說的是氣頭話，其實光華書局老闆沈松泉並非膽小如鼠之輩。沈松泉是光華書局的核心人物之一，他們所出版的書籍，在題材和內容的選擇上保持著激進大膽的姿態，曾冒險出版過《洪水》等左傾刊物，也出版過張競生驚世駭俗的《性史》。1920年代，滬上新書業被人稱作黃金時代，說起當時新書業的繁榮，張靜廬、沈松泉等人有功與焉。至於《文學工廠》的流產，恐怕是因為白色恐怖太過壓抑、而施蟄存的小說〈追〉直接以上海工人起義為內容，沈松泉不得不有所收斂，不敢再冒險出版這

本雜誌。

此後不久，施蟄存與劉吶鷗等人創辦《無軌列車》，原來準備在《文學工廠》上編發的文章大多數都移植過去了。除了革命文學的色彩外，《無軌列車》還熱衷於介紹西方和日本的現代派文藝思潮。

遭受了這一挫折，戴望舒一直憤憤不平，他排遣憂愁的方式是邀約劉吶鷗北上，在北京結識了姚蓬子、馮雪峰、馮至、魏金枝、沈從文、丁玲等。施蟄存也去了一家中學當教員，業餘時間從事寫作和翻譯。

這群人中間的馮雪峰，後來與施蟄存交往密切，成為摯友。

馮雪峰，浙江義烏人。1927年加入共產黨，1929年參加籌備中國左翼作家聯盟，後擔任「左聯」黨團書記。施蟄存認識他之前，馮雪峰的政治身分還未暴露。文壇裡少數幾個朋友知道，丁玲此時熱烈地愛上了馮雪峰，然而丁玲已經和胡也頻同居了一段時間，胡對她有很深的感情依戀，如果離開，胡也頻會自殺。在痛苦而又迷惑的情感漩渦中，馮雪峰和丁玲最後都選擇了閉而不談愛，在心靈深處保留一片淨土，放牧柏拉圖式的愛情。馮雪峰轉移注意力的方法，是將全部精力投入到革命中。

據施蟄存回憶，他與馮雪峰第一次見面頗有戲劇性。這說起來是一件文壇趣事。施蟄存聽戴望舒介紹過馮雪峰其人後，一直對這個人保持著濃厚的興趣。有一天，馮雪峰從北京來信，說他非常想來上海，但被許多雜事糾纏，一時還走不開。施蟄存和戴望舒回信，說上海的朋友們十分歡迎他，並且說，施家閣樓上可以安一張床。過了幾個星期，馮雪峰忽然寄來了一封快信，信中說他已決定南歸，不過有個窯姐兒和他相好，願意跟他走，他也想幫助她脫離火坑，可是需要一筆錢為她贖身。

　　施蟄存收到這封快信後，立即籌集了一筆錢給馮雪峰匯去。當時，施蟄存在松江聯合中學任語文教員，每月工資70多元，幾個月積攢下來，手頭有200多元。戴望舒、杜衡各湊100多元。錢匯出去之後，施蟄存、戴望舒、杜衡三個人每天都翹首以盼，聚在一起猜測那個窯姐有什麼背景？長得什麼模樣？他們毫不懷疑，身為忠誠革命者的馮雪峰，所愛的姑娘肯定不一般，要麼像茶花女，要麼像紅拂妓。信和錢寄出去了，北京那邊好久沒有消息，他們開始為馮雪峰擔心，姑娘會不會變心？錢會不會被姑娘誆騙了？

　　就在施蟄存等人紛紛猜測時，馮雪峰已經來到了上海。戴望舒按照信中的地址找到一家旅館，將馮雪峰接到松江施蟄存的家中。哪裡有什麼窯姐？眼前分明是馮雪峰、戴望舒兩個男人。施蟄存仍然不明就裡，迫不及待地問他：「怎麼樣？你的姑娘沒有來？」馮雪峰和戴望舒相視一笑，施蟄存這才明白，壓根兒就沒有什麼窯姐。事後，戴望舒告訴施蟄存，馮雪峰為了幫助北京的幾個朋友離京，所以編了窯姐兒的故事籌款。

　　馮雪峰在施家住下後，也加入了文學工廠。馮雪峰翻譯蘇聯的革命書籍，有時寫些短小的評論文章。他對政治的熱情高漲，不願意搞創作，認為是浪費時間。

　　施蟄存回憶說，從1934年以後，他和馮雪峰就沒有機會見面。一直到1948年，才在姚蓬子的作家書屋裡偶爾碰到，漫談了一陣，言不及義，匆匆分手。到了1952年，馮雪峰主持人民文學出版社，來了一封信，邀施蟄存去參加編輯工作，施蟄存覺得還是做教書匠適當，覆信婉謝。到郵局去寄信時是深秋，一片片樹葉打著旋從空中飄落，施蟄存想起了昔日文學工廠的朋友，心中泛起淡淡的感傷。戴望舒1950年病逝，馮雪峰在北京當官，杜衡

去了台灣，當初志同道合的四個青年人，就這樣南北飄零，各自
完成自己的角色。

引領者

　　1932年的春天，施蟄存的心情是落寞的。這年一月，日本侵
略軍由上海租界分三路向上海閘北中國駐軍發動進攻，淞滬抗戰
爆發。他們所經營的第一線書店和水沫書店相繼停業，朋友們各
奔東西，劉吶鷗不想再幹文藝事業，轉而去從事電影，關係疏遠
了；戴望舒回到杭州，正在積極籌劃出國；杜衡住在上海，閉門
譯書；馮雪峰投身革命，成天忙得不可開交；徐霞村像一隻候鳥
去了北京……施蟄存回到松江，仍舊當他的中學教員。先生在自
述中說：「我歸松江後，閒居小樓，百無聊賴。故欲從此改業，
或效班生之投筆，或效元亮之歸田，此時情緒，不勝彷徨。」

　　到了這年三月，發生了一件事，改變了他的心情，也改變了
他的命運。

　　3月上旬，施蟄存收到了現代書局經理張靜廬的一封來函，
徵詢能否出任新辦文學刊物的主編之職，並請來上海面商。第二
天清晨，踏著薄薄的霧氣，施蟄存來到上海海甯路的一個里弄
內，與張靜廬、洪雪帆一起商談辦刊之事。

　　按照出版家張靜廬的設想，需要辦一份純文藝刊物，不受左
右思潮干擾。他考慮了許多人選，最後還是覺得只有施蟄存最合
適。施蟄存沒有加入左聯，和國民黨也沒有關係，且編輯過《瓔
珞》、《新文藝》等雜誌，有能力在短期內編起一個文藝刊物。
那天，四個人（張靜廬、洪雪帆、葉靈鳳、施蟄存）在現代書局
經理室裡談了一上午，和煦的陽光投射進來，均勻地灑在他們身
上，在一片金色中，現代文壇上影響深遠的《現代》雜誌誕生了。

　　這一年4月1日，施蟄存正式加入現代書局編輯部，出任編輯主任，月薪100元。他的工作節奏緊張忙碌，心情不再寂寞，變得舒暢而愉悅。他寫信給戴望舒、杜衡、劉吶鷗、穆時英等人約稿，同時向全國徵稿。關於辦刊思想，施蟄存有自己的主見：要將《現代》作為偉大事業，讓刊物成為中國現代作家的集合地，利用這方天地大顯身手，引進西方現代文化，繼承和創造中國的傳統文化，真正使中西文化交融，從而體現他自己的人生價值和社會責任感。

　　編輯部只有三個人：施蟄存、葉靈鳳和一個青年校對員。在〈創刊宣言〉中施蟄存寫道：「這個文藝月刊是一個普通的文學雜誌，而不是同人雜誌。不預備造成任何一種文學上的思潮、主義或黨派。」事實正是如此，在《現代》所刊載的稿件中，作家陣容不僅有戴望舒、杜衡、劉吶鷗、穆時英、施蟄存、葉靈鳳、郁達夫、周作人等自由派作家，還有左翼作家馮雪峰、姚蓬子、張天翼、魏金枝、巴金、瞿秋白、茅盾、樓適夷、丁玲、沈從文等。

　　在施蟄存的努力下，《現代》的銷售量創出了當時的期刊之最。張靜廬回憶：「純文藝月刊《現代》出版後，銷數竟達一萬四五千份，現代書局的聲譽也連帶提高了。第一年度的營業額從六萬五千到十三萬元，現代的信譽與營業日益隆盛，民國二十年初期，可以說已是全中國唯一的文藝書店了。」

　　事情的結果似乎出人意外，仔細一想卻又在情理之中。《現代》的成功，與張靜廬開門辦刊的思路有關，也有時代風氣引領者施蟄存的關係極大。施蟄存自述：「施者，捨也。我的一生，只有給別人東西，沒有取別人的東西。」先生說這話時已經是80年代了，回首往事，記憶中那些面孔幽靈般顯現，濕漉漉的黑色

枝條上的無數花瓣。

　　徐遲在《江南小鎮》中的回憶可以佐證。當時徐遲還是個無名小輩，他買了一種很漂亮的外國信紙和信封，一匣子信紙有好幾種顏色。將信紙裁開為兩張長方形的紙條，一組一組新詩抄錄在上面，集中起來向《現代》月刊投稿。但是他每寄出一次，便退回一次，不知道退了多少次了。大約1933年5月，退回的彩色詩箋上，批著一行雅謔似的小字：「不要失望，再寄。蟄存。5月4日。」多麼美麗的一行詩啊！微弱的燭光猶如溫暖的燈塔，照亮了他鋪滿荊棘與鮮花的文學征程。徐遲在書中寫道：「我總算感動了一個名作家、大編輯，他給了我一線希望。這次雖然還是退稿，但再寫再寄就會有點希望可被錄用了。」

　　到了1933年6月，徐遲來到上海，在四馬路現代書局編輯部裡見到了施蟄存。徐遲回憶說：「和施蟄存的談話，大大擴展了我的視野。那時不僅我的文藝思想幼稚之極，人也長得又瘦又小。施蟄存帶我跑一些書店，四馬路的中華書局和商務印書館，南京路的別發書店和中美圖書公司等，還去過一次內山書店。此外也帶我到一些茶室喝下午茶，在那裡我見到了上海文藝界的一些人士。」

　　《現代》創刊前後的那些日子，施蟄存的私人生活中發生了兩件小事。一是第二個兒子施蓬出生，二是全家從松江遷到了上海，住在愛麥虞限路惠安坊八號──那條路後來改成了紹興路。施蟄存編輯之餘的閒暇時間，經常與好友劉吶鷗等人去影院看電影、玩回力球、看賽馬、上飯館或者咖啡館。沙利文巧克力店的咖啡，1元錢可以買兩杯，蛋糕則貴得多，一塊蛋糕約5元錢。那時的生活標準，3元錢可以在上檔次的中國餐館裡吃上兩菜一湯的中餐了。可以想像得到，30年代，施蟄存的家境挺不錯。

　　施蟄存最喜愛的生活方式是編刊物、逛書店和寫作。當時他喜歡看的英文雜誌不下七、八種，從最通俗的《浮華世界》和《星期六評論》，到現代派詩人艾略特編的《觀察》，都經常閱讀。與此同時，施蟄存的小說創作也進入到了一個爆發時期。30年代，他先後出版了《上元燈》、《將軍的頭》、《梅雨之夕》、《善女人行品》等多部小說集，斐然的創作成就讓人刮目相看。

　　施蟄存曾經有過一個十分生動的比喻，說他一生開了四扇窗戶，東窗是文學創作，南窗是古典文學研究，西窗是外國文學翻譯和研究，北窗則是金石碑版整理。在他長達七十多年的文字生涯中，東南西北全方位出擊，無論哪個方面都取得了中外矚目的成就。世人有「南施北錢」之說，南有施蟄存，北有錢鍾書，並非緣自他們的籍貫，而是意指他們在1949年以後的生存定位。施蟄存、錢鍾書都有著過人的清醒，就施蟄存而言，因為世事洞明而情緒穩定，因為人情練達而不打誑語，在專制高壓下順其自然，以不卑不亢的方式，盡力恪守自己的人格和尊嚴，成為大師級的人物。

　　儘管如此，提起被施蟄存先生視為「東窗」的文學創作，仍然不能不說是個遺憾。在小說寫作勢頭正旺的年代突然擱筆，就像一支優美的旋律，正演奏到激越處卻戛然而止。說到這段經歷，施蟄存非常痛心。他說：「如果沒有遇上抗戰，上海保持平穩發展與傾向都市化，我跟穆時英還會繼續寫下去的。但時局變化，整個文學環境不對了。起先我以為只有中國是這樣的，後來發現任何地方都一樣，希特勒上台，德國就沒有文學；作家在這個時候即使跑到外國去，也無法受什麼外國的影響，他的創作事實上停頓了。所以，一個作家的創作生命最重要的基礎是：國

家、民族、土地。這些是他創作的根，是無法逃避的。」

　　1950年，施蟄存文字生涯的重心轉向外國文學翻譯，僅50年代就翻譯了20多本東歐及蘇聯文學作品。施蟄存自述：「這些譯文，都是從英法文轉譯的，只是為出版社效勞的工作，不能視作我的文學事業。」他還說：「新中國成立以後，文學從屬於政治，五十歲左右的作家幾乎都自歎江郎才盡，無法效命，不得不讓青年人出來主宰文壇。我才知道，我的創作生命早已在1936年結束了。」先生說這話時的語氣很平靜，細細品味，卻有說不盡的悲涼。

文壇公案

　　說起魯迅與施蟄存之間的一樁文壇公案，用得上清代才子納蘭性德的兩句詩，一句是「當時只道是尋常」，另一句是「誰念西風獨自涼」。

　　在施蟄存看來，他與魯迅的關係始終不錯，懷有學生對老師的崇敬心情。文學工廠時期，施蟄存打算編一套《馬克思主義文化論叢》，全套十二種，他請馮雪峰去徵詢魯迅的意見，擬請魯迅擔任主編，魯迅也答應了。後來形勢變壞，《論叢》禁止發行，這個計畫才作罷。施蟄存主編《現代》月刊時，刊物上先後登載了魯迅的不少作品，尤其是魯迅的〈為了忘卻的紀念〉一文，寫於白色恐怖最猖獗的時期，完稿後別的刊物不敢發，施蟄存冒著風險，不僅刊發了全文，還配發了柔石的照片和手跡，以及德國畫家珂勒惠支的木刻畫《犧牲》。

　　這樁文壇公案的起因，是施蟄存接到了《大晚報》寄來的一份信函，希望他給青年們推薦一些書。施蟄存推薦了《莊子》和《文選》。不久，魯迅用「豐之餘」的筆名在《申報》上發表

文章，公開對施蟄存進行抨擊。施蟄存不知道「豐之餘」就是魯迅，寫文章自我辯解，認為自己向青年推薦書並不為錯，青年人往往文章太拙直，詞彙太少，可以通過讀點古書來參悟文字的妙處。魯迅接著論戰，一來二去，雙方的火氣逐漸升級，施蟄存大概也說了些過頭話，腹背受敵的魯迅徹底被惹惱了，怒罵施蟄存是「洋場惡少」。

當時只道是尋常，施蟄存並沒有把那次論爭太當作一回事。但是建國後，那樁文壇公案被視為包含不同政見的爭辯，給施蟄存帶來了巨大影響。在其後70多年的生涯裡，施蟄存沒有在任何文章中對魯迅稍涉不敬。魯迅逝世後不久，在虹口公園舉行悼念活動，施蟄存前往參加，向報界發表談話，表達對魯迅的崇敬之情。若干年後，有人向施老問起那場筆墨官司，施蟄存說：「凡是動了意氣的爭辯文字，寫的時候總是爽快的，但刊出了之後不免要後悔。我從來沒有與人家作過無謂或有謂的論爭，不幸〈自由談〉卻惹出了我第一篇意氣文字。刊出之後，我就有一點後悔，雖然已近中年，猶恨其少氣未脫。」

關於魯迅與施蟄存的論爭，以前一般人都認為，一定是魯迅正確，施蟄存錯。學者楊迎平有一席話頗為公允：「魯迅不一定全對，施蟄存不一定全錯。人非完人，誰能無過，魯迅也有判斷錯誤的時候。施蟄存的問題是沒有把魯迅當大師和偉人看，如同他的小說把英雄、偉人世俗化一樣，他把魯迅也世俗化了，所以論爭起來企圖與魯迅平起平坐。這也體現了施蟄存的個性特徵。施蟄存只是真率地表達了自己的看法而已，並沒有什麼惡意，更沒有什麼企圖。」

話說起來雖然輕鬆，但施蟄存為這件事後來所受的傷害實在太大了。

記憶拼圖

上海愚園路1018號是施蟄存先生的故居。這幢風格別致的別墅始建於1925年，當時施蟄存21歲，還是在大學裡讀書的一名青年學生。歲月荏苒，一晃七、八十年過去了，直至新世紀之後，90多歲的施蟄存仍然在這裡讀書、研究和寫作。不同的是，原來整幢別墅屬於他，後來被徵用了，一樓做了郵局，三樓也住了一些人。施老想收回產權，但困難重重，是一個不大好說的故事。

施蟄存先生書房在別墅的二樓。書桌貼著落地長窗橫擺著，窗外是大陽台，陽光透過法國梧桐的樹葉投射進來，在房間裡留下斑駁的影子。書桌前的施老看上去像是一尊雕像，他的耳朵早就不靈光了，安了個助聽器，後來助聽器也慢慢失效。不過老人的思維依然清晰，說話有條理。閒下來時他愛抽上幾口雪茄，房子裡彌漫著數十年不散的煙味，混和著滿室的故紙氣息。天空下了點小雨，窗外一片空濛，那情景彷彿回到了幾十年前。

1928年11月，施蟄存與陳慧華女士在上海松江飯店舉行婚禮。陳慧華大他一歲，是他妹妹的同班同學。據說施太太年輕的時候「是很趕時髦的」，即使到了90多歲的高齡，眉宇間仍然透著清秀，慈祥的面容，彷彿能抵擋一切人間磨難。婚禮那天，賓客高朋滿座，馮雪峰、姚蓬子、丁玲、胡也頻、沈從文、徐霞村、劉吶鷗、戴望舒等民國文壇宿將都來了，沈從文還帶來了裱好的鵝黃灑金箋的橫幅賀詞。

施蟄存一生在男女感情上不越軌，但這並不代表他心中沒蕩起過漣漪。

1922年9月，施蟄存寫了篇文章，刊登在周瘦鵑主編的鴛鴦蝴蝶派雜誌《半月》上。碰巧的是，著名作家天虛我生（陳蝶

仙）的女兒、民國才女陳小翠也寫了篇文章，刊登在同一期雜誌上。施蟄存有個表叔叫沈曉孫，在陳蝶仙的家庭工業社擔任執事，熱心為之撮合，想促成施蟄存與陳小翠的一樁婚姻。施蟄存聞之大驚，「余自愧寒素，何敢仰托高門，堅謝之，事遂罷」。

直到1964年元月，施蟄存從鄭逸梅處得知了陳小翠的住址後，主動到陳家登門拜訪，兩人雖是初見，卻不陌生。只是各人已然歷練滄桑，兩鬢添霜，正如陳小翠贈給施蟄存的詩中所云：「少年才夢滿東南，卅載滄桑駒過隙。」施蟄存日記記載，後來他曾多次去過陳小翠上海新村的寓所，詩歌唱和，書畫贈答。1964年2月29日，施蟄存在日記中記載：「昨晚又雪，今日未止，積雪一尺，解放以後所未見也。下午去陳小翠寓所晤談，履旬前之約也，談詩兩小時而歸。」直至「文革」爆發，兩人的交往戛然而止。

1968年7月1日，陳小翠不堪凌辱在家中開煤氣自殺。為紀念陳小翠，施蟄存將兩人當年發表在《半月》上的文章以及後來的酬唱詩作，編成一冊《翠樓詩夢錄》，並撰文回顧了那段文字因緣。施蟄存出版《雲間語小錄》，特意在封面上選用了陳小翠的一幅山水小品。枯林蕭瑟、荒涼孤寂的畫面上，題著陳小翠的一首五言詩：「落葉荒村急，寒星破屋明。不眠因酒薄，開戶覓秋聲。」

淡淡的雪茄味道滿室彌漫，回憶的列車仍在緩緩行駛。陳小翠自殺前後，慘絕人寰的「文革」進入高潮。這一年，先生在「牛棚」裡接受監督勞動改造。他被勒令退租二樓南向房子，此後長達16年，全家三代人擠住在三間朝北的小室內，「家具、什物，賣去不少，因無地安置。」有人回憶說，先生「寓所曬台上搭建的北山樓只有六平方米，卻收藏著兩千餘件碑帖拓片。就在

這簡陋的環境中，他將藏品整理分類，題識標注，進一步研究，撰寫了一系列文章。」

實際上那些日子施蟄存的經濟狀況很窘迫。1966年，老友邵洵美被出版社停發工資，施蟄存戴著助聽器去看望，伸出援助之手，每月從工資中拿出50元給邵洵美救急。到了1968年，施蟄存自己每月也只能領40元生活費，再也無法接濟邵洵美了。這時候發生了一件事，讓他沒齒不忘。

施蟄存被關進「牛棚」後，每天從事除草、搬土等勞動活，或者到學生宿舍裡去掃廁所，再就是接受批鬥。到了這年秋天，有一天下午，施蟄存正在甬道上掃地，他一手提著畚箕，另一手拖著掃帚，踽踽地走進了文史樓西側的男廁所。身後有個人影跟上來，小聲問道：「你認識張靜廬嗎？」三十多年前編輯《現代》的情景猛然回到了腦海中，施蟄存詫異地看著眼前的年輕人，急忙環顧四周，復又把目光停在了年輕人身上。「認識，當然認識。」施蟄存囁嚅著，他想問點什麼，想了想又把話收回去了。年輕人遞給施蟄存一張紙條，正要說明來意，廁所裡有人進來了。年輕人只好離去，走出很遠了，扭頭朝施老微微一笑。

恍若回到了二、三十年代，他與戴望舒、杜衡等好友一起沿著街道散步，挨家挨戶往門縫裡塞傳單。人的一生要經歷多少事啊，時光流傳，歲月輪迴，一個不朽的角色，就這樣在不知不覺中悄悄完成了。

戴望舒：丁香樹掛滿了哀愁

　　戴望舒（1905—1950），名承，字朝安，曾用筆名夢鷗、夢鷗生、信芳、江思等，浙江杭縣人。中國現代著名的詩人，現代象徵派詩歌的代表。

　　1923年秋天，戴望舒考入上海大學文學系。1925年，轉入震旦大學學習法語。1926年，與施蟄存、杜衡等人創辦《瓔珞》旬刊，發表詩作《凝淚出門》。1928年與施蟄存、杜衡、馮雪峰創辦《文學工廠》。1929年4月，出版了第一本詩集《我的記憶》，這本詩集也是戴望舒早期象徵主義詩歌的代表作，其中最為著名的詩篇是〈雨巷〉，受到了葉聖陶的極力推薦，成為傳誦一時的名作。戴望舒也被人們稱為「雨巷詩人」。

　　戴望舒一生與三位女性結有不解之緣。他的初戀是施蟄存的妹妹施絳年，第一任妻子是穆時英的妹妹穆麗娟，第二任妻子是楊靜。這三位女性，沒有一人能與他共同走完一生，只留下令詩人一生難以釋懷的愛情悲劇。

　　戴望舒嗜書如命。即使因為囊中羞澀，買不起書，光是看一看，摸一摸，也會感到其樂無窮。在法國留學時，戴望舒最喜歡逛塞納河左岸的書攤，他曾經說：「就是摩挲觀賞一回，空手而返，私心也是很滿足的。況且薄暮的塞納河又是這樣的窈窕多姿！」戴望舒留學法國期間，雖然人在異鄉，衣食無著，但只要手上有錢，總會買書，日積月累，竟然買了不少書。

　　1949年，戴望舒來到北京，被安排到國家新聞出版總署國際新聞局負責法文科的工作。這時候他的哮喘病已經十分嚴重了，連上樓都要停下來休息一會。他聽從醫生的建議，到醫院去做了

手術。病情還未好轉,他便提前出院,在家治療,給自己注射麻黃素針。1950年2月28日上午,戴望舒照例自己打麻黃素針,由於劑量過大,注射後不久心臟跳動劇烈,他撲倒在床上,昏迷不醒。等到送到醫院搶救時,已經停止了呼吸。

分裂的生活

　　1923年9月1日,對於18歲的戴望舒來說是個有紀念意義的日子。這一天,他走進上海閘北青雲路的弄堂,來到剛創辦不久的上海大學報到。金色陽光下,那件白襯衣恍若一塊光斑,飄浮在街巷阡陌間,亮得耀眼。他身後是40歲剛出頭的父親戴修甫。中年男子穿一件藍布長袍,提著一大摞行李,像影子似的,緊一腳慢一腳跟在後面,使人想起朱自清散文《背影》中的那位父親。

　　戴望舒的一生與「象徵」二字有種神祕的聯繫,就連他的名字,也充滿了象徵主義的意味。戴望舒,原名戴丞,字朝寀。名字寓意著父親的寄託,那位在北戴河火車站當過小職員的戴修甫,一生的夢想是當科長。他給兒子取名朝寀,「寀」的含義是官,象徵兒子做朝廷命官;取名戴丞,眼前晃動著戲文中丞相的影子。兒子的想法卻和父親不同。戴望舒認為即便做官,也要像屈原那樣出污泥而不染。他為自己改名「望舒」,兩個字出自《離騷》:「前望舒使先驅兮,後飛廉使奔屬。」戴望舒嚮往楚人屈原詩中那樣的生活:月神(望舒)開路,風神(飛廉)跟班,在天地之間自由自在地漫遊求索。

　　校園大門口有棵丁香樹,枝幹遒勁,古樸滄桑,遠遠看上去像是巨大的盆景,讓雅澹的校園變得世俗起來,剎那間生動了許多。眼下是九月,花團錦簇的花期已過,戴望舒站在那裡看了一會,無端地想,丁香樹,什麼時候開花呢?

　　開學以後，戴望舒迅速被捲入朝氣蓬勃的校園生活。好友施蟄存回憶：「上海大學是一個新創辦的貌不驚人的『弄堂大學』，上海人稱為『野雞大學』。但它的精神卻是全國最新的大學。在中國新文學史和中國革命史上，它都起過重要作用。」施蟄存與戴望舒同齡，是班上的班長，他們一起出入於教室、寢室和操場，聽老師們講課。那些老師年紀輕輕，比他們大不了多少，卻已是現代史上熠熠閃光的名字——瞿秋白、惲代英、沈雁冰、劉大白、田漢、鄧中夏……那可真是個滄海橫流的大時代啊，社會思潮氾濫，各種觀念碰撞，整個中國彷彿變成了風雲激蕩的大海，戴望舒像是一條魚，仍然在校園的淺水灣裡安靜地游弋。

　　上課之餘，他靜悄悄地寫詩和散文，寫好後就塞進抽屜裡，積攢到一定數目了就去向報刊投稿。戴望舒投稿的報刊都是鴛鴦蝴蝶派，什麼《紅》啊，《星社》啊，《禮拜六》啊……他也因此認識了姚民哀、周瘦鵑、姚鵷雛等鴛鴦蝴蝶派大將。和他一樣對文學有著濃烈興趣的還是施蟄存、張天翼、杜衡以及一些年輕人，他們甚至祕密結社，成立了一個文學社團，辦了份名為《蘭友》的同人旬刊，戴望舒擔任主編。

　　有一天，教室裡來上課的教官是惲代英。他瘦弱文靜，戴著副金絲眼鏡，看上去是白面書生，開口說話卻讓戴望舒大吃一驚。天才的雄辯家惲代英說，我身上沒有一件值錢的東西，只有這副金絲眼鏡，值幾個錢。我身上的磷，能做四盒洋火。我願我的磷發出更多的光和熱，燒掉古老的中國，誕生一個新中國！惲代英口若懸河，滔滔不絕，他的主要觀點是：青年人都應該投身戰場，拿起槍去戰鬥，千萬不能躲在書齋裡舞文弄墨，文藝屬於資產階級，在掃蕩之列，任何要筆桿子的行為都是懦夫表現，詩

歌是什麼？詩歌是炸彈，是號角，是旗幟。

　　彷彿在電石火光之間，戴望舒內心深處蟄伏的一隻怪獸被喚醒了。

　　上完課後，戴望舒向同學們打聽到，惲代英是湖北人，比自己只大10歲，但是他豐富的人生經歷讓人羨慕。革命家惲代英像是江湖上的一名遊俠，灑脫不羈，快意恩仇，四處被軍閥下令通輯，隻身經蕪湖、安慶、南京來滬，被上海大學聘為教官。在這樣的人面前，戴望舒忽然有了一種羞愧，在風雲激蕩的大時代裡，自己卻熱衷於寫詩作文，該是多麼渺小的一個人生目標啊。

　　自責歸自責，但是對於詩的愛好已經侵入骨髓，就像呼吸一樣成了日常生活的需要。戴望舒依然還在寫詩，只不過由公開轉入地下，只能獨自一人偷偷摸摸地進行。戴望舒此時的狀態正如一位學者所說：「一方面狂熱地喜愛詩歌，另一方面對詩歌寫作的態度又是遲疑、羞澀、曖昧的，彷彿愛上了一個不該愛的人似的」。（北塔：《雨巷詩人──戴望舒傳》，第15頁。）

　　1925年5月30日，上海發生了「五卅血案」。一時間，工人罷工，商人罷市，學生罷課，上海灘風起雲湧，驚濤拍岸。以惲代英為首的上海學聯是那場政治旋渦的中心，「五卅血案」後的結果，是上海大學被強制關閉。

　　戴望舒和他的同學們失學了，像是汪洋大海中的一隻船，他不知道該朝哪個方向繼續行駛。未來的路還很長，內心裡的文學夢想卻燃燒得如此熾烈，可是寫詩算什麼呢？寫詩太小我，太私人化，用同學杜衡的話說：「那時候，我們差不多把詩當作另一種人生，一種不敢輕易公開於俗世的人生。」戴望舒有些迷茫，有些困惑。他的心像是一隻鐘擺，在文學與革命之間跳盪，一會兒擺過去，一會兒擺過來。

　　1925年秋天，戴望舒轉學進入上海震旦大學法文班，預備將來留學法國。不久，施蟄存、杜衡也相繼來到震旦大學，幾個好朋友又能聚到一起了，心裡都有說不出的高興。新來的同學中有個人引起了大家的興趣。他叫劉吶鷗，日本話說得很流暢，說起國語來反而結結巴巴，且帶有濃濃的福建口音。起先戴望舒把他當作日本人，後來才知道是台灣人。劉吶鷗是個新潮人物，愛追趕時髦。那陣子他喜歡上了日本新感覺派，寫的小說充滿了新感覺的味道。

　　有段時間，劉吶鷗經常帶著大夥去歌舞廳。搖晃的旋律中，整座探戈宮似乎都在旋轉——男女的胴體，五彩的燈光，閃閃發亮的酒杯，石榴色的嘴唇……同學們彷彿進入了迷宮似的，心神在奇幻的魔力下搖曳生姿。戴望舒性格有點孤獨，對探戈宮裡的場景不大習慣，便獨自一人坐在桌子邊上翻譯法國詩歌。那時候，他私下正在迷戀果爾蒙、耶麥等後期象徵派詩人。

　　夜總會外面的世界充滿了喧譁與騷動，也充滿了無窮無盡的誘惑。在戴望舒看來，投身革命，也許是個不錯的選擇。早期的革命尚未露出其腥風血雨的本質，戴望舒他們所理解的革命，無非是遊行集會，街頭講演，散發傳單……這樣的活動神祕刺激，類似於異域探險，新奇陌生，能在某種程度上滿足年輕人參與社會生活的自信和虛榮心。

　　經一個名叫陳鈞的同學介紹，戴望舒加入了共產黨的周邊組織共青團，不久又加入了國民黨。在戴望舒的鼓動下，好友施蟄存、杜衡也先後加入了共青團和國民黨。接下來他們開始參加地下革命活動，一個不知道姓名、來去無蹤影的地下交通員隔三差五光臨，並不與人見面，只是往宿舍門縫裡塞進一張紙條，那張紙條寫著上級的祕密指示。夜深了，星星在天邊一閃一閃，戴望

舒和幾個同學上街去散發傳單。若干年後，好友施蟄存還清晰記得當時的情景：「一個人走在前面，留神有沒有巡捕過來。一個人走在後面，提防後面有人跟蹤。走在中間的便從口袋裡抽出預先折小的傳單，塞入每家大門上的信箱裡，或門縫裡。有時候到小店去買一盒火柴、一包紙煙，隨手塞一張傳單在櫃檯底下。」

有一次，戴望舒和杜衡去參加團小組的會議。到達指定地點後，發現屋子裡滿地紙屑，一片狼藉。情況不妙，戴望舒和杜衡急忙撤退，卻已經來不及，身後黑洞洞的槍口抵在他們後背上，兩個人被捕了。

當父親戴修甫得知兒子被捕的消息後，頓時有一種天塌了的感覺。家裡出事了，各種傳聞紛至遝來，最可怕的一條傳聞說，兒子已引渡到金華監獄，要被槍斃。父親急得像熱鍋上的螞蟻，四處奔波，求人說情。那場有驚無險的牢獄之災，最後因為戴望舒的機智應對而僥倖脫生了。父親從監獄裡接回了獨兒子戴望舒，付清房租，賣掉家具雜物，匆匆忙忙離開上海，回到老家杭州。

斷指

戴望舒在上海大學讀書時，有位同學名叫孔另境，浙江烏鎮人，是沈雁冰的妻弟（沈夫人孔德沚的弟弟）。孔另境早年加入共產黨，後赴廣州參加革命，隨北伐軍北上，在武昌前敵總指揮部任宣傳科長。「四‧一二」事件後，共產黨的活動轉入地下，孔另境擔任杭縣宣傳部祕書。不久，武裝暴動失敗，杭縣縣委遭破壞，孔另境與黨組織失去聯繫，住在戴望舒家中避難。

孔另境選擇在戴家樓身有兩個原因。其一，戴望舒和他是大學同學，關係一直不錯。而且，戴望舒北京之行認識了湖畔詩人

馮雪峰，成為無話不談的摯友。馮雪峰當時已是中共黨員，受馮影響，戴望舒參加左聯，成了同志。更重要的是其二，孔另境當時與戴望舒的姐姐戴瑛正在熱戀中。

據孔另境自傳云，1928年春，各地紛紛舉行武裝暴動，杭州也不例外。中共杭縣縣委書記池菊章在湖濱飯店主持開會，布置暴動事宜，孔另境當晚留守機關值勤。第二天，孔另境去找池菊章，剛到湖濱飯店大門前，見一個茶役遠遠地向他搖手，臉上露出了驚恐的表情。孔另境頓時感覺情況不妙，拔腿就跑。事後得知，前一天參加開會的人員全部被捕，「我即攜個人行李及池菊章的一斷手指瓶至一姓戴家躲避」。

風起雲湧的大時代，戀愛與革命是青年人的兩大永恆主題。據孔另境向戴望舒講述，革命者池菊章原本也是個癡迷於戀愛的人，一邊談戀愛，一邊鬧革命，戀愛的成分甚至還要大於革命。只不過後來池菊章失戀了，用刀剁下一截手指，全部心思才轉移到革命中來。孔另境轉述的這個故事，帶給戴望舒的是深深觸動。此刻，戴望舒也正陷入到一場瘋狂的戀愛中，藏在骨子裡的憂鬱一次次泛起：如果將來自己失戀了，會不會也像池菊章一樣，義無反顧地去投身革命？

戴望舒在其後不久創作的詩歌〈斷指〉中寫道：

這是一個已犧牲了的朋友底斷指，它是慘白的，枯瘦的，
和我的友人一樣；時常縈繫著我的，而且是很分明的……

是他將這斷指交給我的時候的情景：「替我保存這可笑可憐的戀愛的紀念吧，在零落的生涯中，它是只能增加我的不幸。」他的話是舒緩的，沉著的，像一個歎息，而他的眼中似乎含有淚

水，雖然微笑在臉上……

浸泡在酒精瓶中的斷指，勾起了戴望舒心中無數哀愁的記憶。戴望舒在詩中繼續寫道：「這斷指上還染著油墨的痕跡，是赤色的，是可愛的光輝的赤色的，它很燦爛地在這截斷的手指上，正如他責備別人懦怯的目光在我心頭一樣。」

這一時期，戴望舒先後創作了〈斷指〉、〈流水〉、〈我們的小母親〉等歌頌讚美赤色的詩，左翼思想傾向明顯。在〈流水〉中他寫道：

> 穿過暗黑的，暗黑的林，
> 流到那邊去！
> 到升起赤色的太陽的海裡去！

在另一首〈我們的小母親〉中他寫道：

> 是啊，我們將沒有了恐慌，沒有了憎恨，
> 我們將熱烈地愛它，用我們多數的心。
> 我們不會覺得它是一個靜默的鐵的神祕，
> 在我們，它是有一顆充著慈愛的血的心的，
> 一個人間的孩子們的母親。

戴望舒在這首詩中一共用了16個「我們」，個人化的小我已經退場，取而代之的中「我們」。此時的戴望舒，似乎完全認同了集體的視角，願意把「我」融入到「我們」之中。

關於池菊章犧牲的情況，孔另境的自傳中也有記載：「住戴家約一、二個月，未得組織任何指示。一日，我出外至湖濱，突

見有短工十餘人，抬了七、八口白皮棺材沿湖濱而來，我駐足而觀，見每一棺材頭均有黑字標明共匪某某之姓名，其中除縣委書記池菊章、沈資田、馬東林等人外，尚有一口為張秋人。至此，我知道被捕諸人都為反動派殺害了！」

孔另境與戴瑛的戀愛故事，如今已經成了一個迷宮似的疑案，其中存在諸多難以說清的地方，經筆者梳理，事情經過大致如下：

孔另境追求的戴瑛此時寡居在戴家，她比孔另境大一歲，有兩個孩子，那場戀愛是姐弟戀。孔另境18歲離開故鄉闖蕩在外，全靠姐姐孔德沚和姐夫沈雁冰照顧，姐姐對他管教非常嚴格。聽說孔另境與大他一歲且有兩個孩子的寡婦同居，孔德沚堅決反對。遺憾的是，此時孔德沚家庭出了問題，丈夫沈雁冰在日本期間與四川女子秦德君公開同居，這一事件鬧得沸沸揚揚。孔德沚自顧不暇，對弟弟與寡婦戴瑛同居之事放鬆了追問。客觀的說，戴瑛起初對孔另境是有感情的。但是經過一番折騰，尤其是得知孔另境的姐姐孔德沚極力反對之後，她對戀愛的態度急遽轉變——由傾心相愛到冷漠淡然。而孔另境戀愛的熱度依然如故，即便離開了杭州回到上海，依然與戴瑛保持著密切聯繫。1929年春，孔另境經潘漠華介紹，到天津南開中學教書。他認為這是一個獲得自由的機會，於是邀約戴瑛離家私奔，像兩隻逃出籠子的鳥兒，從南方飛到了北方。

事情還沒有完。孔另境與戴瑛在天津同居3年之後，忽然不明不白地被天津警備司令部抓捕。關於1932年初夏那次抓捕的原因有兩種說法。一種說法是，孔另境在河北女子師範學校教書期間，擔任學校出版部主任兼《好報》編輯，這時雖無組織關係，但是他的公開地址作為共產黨與國外聯絡通訊處，經常收到蘇聯

寄來的若干宣傳品，郵件屢屢被沒收。另一種說法是，孔另境與戴瑛居住天津期間，戴瑛移情別戀，愛上了孔另境的朋友王德甫，再一次離家私奔。更加不可思議的是，戴瑛為了澈底擺脫孔另境，竟然誣告孔是共產黨。正是因為戴瑛的誣告，孔另境才被捕入獄。

　　這兩種說法究竟孰對孰錯？抑或事情的真相另有隱情？如今已經難於說清楚了。對兩種說法，沈雁冰與孔另境的後人各執一詞，甚至還引起了一場筆墨官司，不多贅言。再說孔另境在監獄中關押了100天後，被李霽野和臺靜農聯名作保獲釋。那天下午，臺靜農到軍法處去接他出獄，季節已進入盛夏，知了在樹梢上高一聲低一聲地鳴叫，孔另境想起這幾年來人生路上波雲詭譎的變幻，一種愁苦情緒濃霧似的彌漫心頭。事後孔另境得知，他被捕後姐姐孔德沚焦急萬分，硬拉著姐夫沈雁冰去求魯迅，通過魯迅幫忙，才讓他脫離了牢獄之災。

小蜜蜂

　　戴望舒的成名作是〈雨巷〉。梅雨時節江南小巷的一幅幅圖景，構成了極富象徵色彩的詩歌意境，這首詩如今已經家喻戶曉、膾炙人口，正如他的同鄉作家馮亦代先生所說：「當年在家鄉時，每逢雨天，在深巷裡行著，雨水滴在撐著的傘上，滴答滴答，我便想起了〈雨巷〉裡的韻節。」

　　眾所周知，〈雨巷〉是戴望舒寫給初戀情人施絳年的。1928年，施蟄存、戴望舒、杜衡、馮雪峰等人在上海「文學工廠」勞作時，戴被施邀至家中小住，認識了施的妹妹施絳年。那一年，戴望舒22歲，才華橫溢，小有詩名。施絳年18歲，正是花一樣的年齡。

　　剛開始，戴望舒把施絳年當作小妹妹，但是來往多了，他發現自己掉入了愛河，神魂顛倒，茶飯不思。對於詩人戴望舒的追求，正在師範學校讀書的施絳年並沒有多少感覺。這個天真活潑的女孩子，受哥哥施蟄存的影響，對文學的興趣也十分濃厚。在她眼裡，戴望舒是個能寫一手好詩的哥哥，但是性格靦腆木訥，因為小時候出過天花，臉上還有麻子，顯然不適合成為自己的未婚夫。但是問題在於，施絳年並沒有明確拒絕，也許是少不更事，也許是礙於情面，施絳年把戴望舒的追求當作一種精神戀愛遊戲，她陪戴望舒散步，有時幫忙抄抄稿子，有一次，她竟讓戴望舒親吻了臉頰，作為對詩人孜孜不倦追求的一個獎賞。

　　戴望舒掉進了熱戀的漩渦，彷彿是激流中漂浮的一片葉子，一會兒送上浪尖，一會兒跌入谷底，他有點暈頭轉向。他對施絳年的狂熱追求已經認真到了偏執的程度，對施絳年嬉皮笑臉的應對方式無可奈何。戴望舒在詩中寫道：

　　　　不要微笑，親愛的，
　　　　啼泣一些是溫柔的。
　　　　啼泣吧，親愛的，啼泣在我底膝上，
　　　　在我底胸頭，在我底頸邊。
　　　　啼泣不是一個短促的歡樂。

　　戴望舒渴望的愛情是「像花一樣地燃著的，像紅寶石一樣晶耀著的嘴唇，它會給我蜜的味，酒底味」，而施絳年回應他的卻「只有青色的橄欖底味，和未熟的蘋果底味」。戴望舒感到自己被一隻小蜜蜂深深地螫痛了，他在詩作〈三頂禮〉中寫出了內心裡的苦悶與糾結：

　　給的苦痛的螫的，

　　苦痛的但是歡樂的螫的，

　　你小小的紅翅的蜜蜂。

　　我的戀人的唇，

　　受我怨恨的頂禮。

　　一場漫長的戀愛斷斷續續堅持了三年，到了1931年，戴望舒開始衝刺，也就是說，愛情馬拉松的終點線快到了。眼看著長期追求無果，繼續追求無望，戴望舒選擇了激情詩人才會做出的決絕之舉──跳樓自殺。在詩人如此瘋狂的舉動面前，施家人失去了主意，加上哥哥施蟄存當說客，施絳年勉強讓步，答應與戴望舒訂婚。但是有個附加條件：戴望舒必須出國留學，取得學位，回國找份體面的工作後，他們才能正式結婚。

異域他鄉的反叛

　　1932年10月8日，戴望舒搭乘達特安號郵船啟航去法國。前來送行的有父親戴修甫，姐姐戴瑛以及女兒鐘萸，未婚妻施絳年，施父施亦政，好友施蟄存、杜衡、穆時英、劉吶鷗、葉秋原等。施絳年一直在哭，眼睛紅腫得讓人心疼。戴望舒心中有千言萬語，卻不知道該如何去安慰她，自己嗓子眼也酸酸的，生怕多說一句會碰落了眼淚。大家一起在船頭合影後，一個個走下了郵船。

　　郵船啟航了，汽笛聲給大海帶來了一陣震顫，岸上的施絳年放聲大哭起來。站在船舷邊的戴望舒急忙抽出鋼筆，在紙條上寫了句話：「絳，不要哭。」他使勁將紙條朝岸上扔去，紙條在空

中飄舞一會落入水中。戴望舒的眼裡，久久晃動著施絳年朝空中去抓紙條的影子。

戴望舒在巴黎生活窘迫，窮困潦倒，經濟上大多都是靠好友施蟄存接濟。當時也在法國留學、與戴有過交往的羅大岡回憶說，戴望舒是自費留學的，「他到法國後，先在巴黎混了一年，沒有正式上學，過著閒散的藝術家生活。一年之後，他手上錢花光了，生活發生問題，於是按預定計畫下第二步棋，向里昂中法大學申請救濟。他在國內是名詩人，有人替他向中法大學推薦，里昂中法大學接受了他的申請，條件是他必須和別的留學生一樣，在里昂大學正式報名，選習一張文憑。學年終了，如考試不及格，可以再學一年。第二學年考試再不及格，即被中法大學開除學籍，遣送返國。」

羅大岡文章中說到的「替他向中法大學申請」的那個人是瑪律洛。瑪律洛是小說家，曾經獲得過法國文學最高獎──龔古爾文學獎，他對中國文化興趣濃厚，對於中國革命事業尤其是中國共產黨格外關心。

戴望舒轉入里昂大學，繳了學費，正式註冊，但是他從來不去上課聽講。據羅大岡說：「他在里昂兩年幹什麼呢？在我的記憶中，他成天坐在窗前埋頭用功，幾乎用全部時間搞翻譯。」戴望舒翻譯的書稿，經好友施蟄存介紹到上海幾家書局出版，換取一些稿酬貼補生活。

除了翻譯書稿之外，戴望舒身上還有一種「特別的脾氣」令羅大岡驚訝。「他對於進步群眾運動懷有熱烈的同情，甚至可以說懷有自己不能遏制的激情。」1934年春天，巴黎及法國若干大城市的工人先後上街遊行示威，反對日益猖獗的法西斯勢力。戴望舒興奮地告訴羅大岡，他去參加遊行示威了，和一些示威群眾

掀翻了停要路旁的小轎車，打開油箱，放火焚燒。看見員警追過來，他混入熙熙攘攘的群眾隊伍僥倖逃脫了。羅大岡卻為他捏了一把汗，小聲說道：「別去冒險了，人群中你是唯一黃面孔的中國人，很難隱蔽，容易被員警抓住。」戴望舒說：「胸中熱血一旦沸騰，也就不去考慮什麼後果了！」戴望舒說著像個孩子似的大聲笑了起來，眼睛裡燃燒著憧憬與渴望之光。

戴望舒一直幻想能夠遊歷西班牙。當初他一到巴黎，就在一所學校裡學習西班牙語，為將來做準備。第二年夏天，戴望舒的願望越來越強烈，他不斷給施蟄存寫信要錢，施蟄存認為不妥，勸他不要去，應以完成學業為人生目標。但是在戴望舒一封封電報和信件的催促下，施蟄存還是匯了一筆錢，滿足了戴望舒遊歷西班牙的願望。

1934年8月22日，戴望舒在里昂貝拉式車站踏上了開往西班牙的旅程。送行的朋友只有羅大岡一個人，場景有點冷清，戴望舒並沒有感覺惆悵和寂寞，詩人在西班牙旅行記中寫道：「久居異鄉，隨遇而安，離開這一個國土而到那一個國土，也就像遷一家旅舍一樣」。

戴望舒在西班牙待了兩個月，除了旅行之外，就是逛書店、讀書和寫作。他將此前通過閱讀得到的關於西班牙的印象與實地考察相對照，寫出了不少瑰麗浪漫的遊記文字，「這就是最深沉的西班牙，它過著一個寒傖、靜默、堅忍而安命的生活，但是它卻具有怎樣的使人充滿了深深的愛的魅力啊！」這種美好的記憶，後來一直陪伴了戴望舒許多年。

但是生活並不是永遠都會那麼愜意的。在西班牙期間，戴望舒再一次參加了進步群眾遊行示威的抗議活動，被西班牙警方逮捕後通知了法國警方。這一次，戴望舒沒有以前那麼幸運了，法

國警方通知了里昂大學，他被開除學籍，遣返回國。

　　如果是學成歸國的留學生，可以享受到校方購買的車船票，此外還要發放一些零用錢。戴望舒被開除學籍遣返回國，自然不能享受優惠條件。據他的同學羅大岡回憶，當時戴望舒買的是四等艙船票，沒有拿到一分錢的零用錢，「四等艙待遇的惡劣，還不如難民收容所：鐵床上夜間不給毯子，凍得要命，白天艙內除鐵床之外，沒有桌凳，不是坐在床邊，就得席地而坐，大盆伙食，粗得像餵牲口的飼料……」

愛恨情仇

　　戴望舒回到上海，在街角一個轉彎處看見了丁香樹，淒婉憂傷的情緒像濃霧一樣環繞在周圍，剎那間，他有一種痛不欲生的感覺。在法國巴黎讀書時，就隱約聽到了施絳年移情別戀的消息，戴望舒半信半疑，與其說是不願相信，不如說是不敢相信。雖然早已清楚終歸有這麼一天，但是當施絳年親口說出她已愛上了別人時，戴望舒還是氣憤難忍，當著施家人的面打了她一個耳光。

　　戴望舒登報與施絳年解除婚約，把家臨時搬到了劉吶鷗的公寓裡，成天和劉吶鷗、穆時英、杜衡等人出入於跳舞場、咖啡館、電影院等場所。據穆時英回憶，那段時間，戴望舒特別愛到鄉間散步，他提著一根打狗棒，到處尋找野狗，一旦遭遇，迎頭就是一悶棒，閃電般的速度讓同伴們感到驚訝。穆時英在給葉靈鳳的一封信中感歎道：「老戴在寫詩之外，還有一種特長和嗜好，他打狗的本事真不錯。在這一禮拜中，他至少打了十七頭野狗。」

　　看著戴望舒因為失戀幾近瘋狂的模樣，同伴們不知道該如何

去安慰他。有一天，穆時英與戴望舒在一起聊天，談著談著，穆時英忽然說了一句：「施絳年算什麼呀，我妹妹比她漂亮多了，我來給你介紹。」

穆時英的妹妹叫穆麗娟，溫婉善良，如一朵含苞待放的花蕾。那個女孩子戴望舒是見過的，也對她頗有好感。經過穆時英介紹，兩個人正式確定了戀愛關係，一起看過幾場電影，吃過幾次飯，一來二去，感情逐漸加深。一切都那麼美好，戴望舒熄滅了的愛情火焰，重新旺旺地燃燒起來。

1935年冬，戴望舒委託杜衡向穆家提親，沒有任何波折，穆家愉快地答應了這椿婚事。1936年6月，戴望舒與穆麗娟在上海新亞大酒店舉行婚禮，好友徐遲是男儐相。據徐遲在自傳體長篇小說〈江南小鎮〉中敘述，那是他第一次穿燕尾服，也是他一生中唯一的一次當男儐相。新娘子非常漂亮，穿了白色婚紗，長紗一直拖到地上。徐遲說他自己卻幼稚而且瘦小，兩隻眼睛顯得特別大，看上去有點滑稽可笑。

結婚以後，戴望舒一家人搬到了亨利路永利村30號。愛情的滋潤使得他內心充滿了喜悅，這一段時間，是戴望舒有生以來最快樂的日子。詩人上午要麼寫作要麼翻譯，整幢樓房靜悄悄的，只聽見筆尖在紙上遊走的沙沙聲；到了下午，這裡就成了文藝沙龍，紀弦、徐遲、金克木、南星、林庚等作家詩人經常聚集在這裡，或坐或立，有的抽著雪茄，有的喝著咖啡，海闊天空，侃侃而談。到了夜晚，如果來訪的客人意猶未盡，還會增辦一場舞會，合著大上海摩登新潮的節奏，紅男綠女翩翩起舞，整個戴家猶如天上人間。

戴望舒平時在家話不多，總是默默地看書和寫作。若有朋友來了，戴望舒與朋友相談甚歡，無形中卻把穆麗娟晾在了一邊。

他們感情產生裂痕的根本性原因，則是戴望舒心中一直念念不忘施絳年。穆麗娟說：「我們從來不吵架，也很少交談，他是他，我是我。他對我沒有什麼感情，他的感情給施絳年去了。」

穆時英之死，給了這個瀕臨破裂的家庭致命一擊。

穆時英被暗殺後不久，母親石翠鳳傷心欲絕，也選擇了服毒自殺。哥哥和母親相繼死亡，使穆麗娟的精神受到強烈刺激。她希望丈夫能夠安慰自己，可是戴望舒澈底讓她失望了。由於哥哥穆時英的身分涉嫌漢奸，戴望舒此時的態度多少有些曖昧，他瞞住了岳母石翠鳳自殺的消息，不想讓穆麗娟回上海奔喪。有一天，穆麗娟穿著件大紅的衣裳，被葉靈鳳的妻子趙克臻看見了，臉上神色顯得異常。穆麗娟是個敏感的女子，被她一問，趙克臻說出了她母親自殺的消息。

像是被雷電擊中了一般，穆麗娟呆若木雞，神思恍惚，好半天才回過神來。第二天，穆麗娟帶著女兒詠絮匆匆趕赴上海。然而，母親的喪事已經結束，穆麗娟想見母親最後一面的願望落空了。

傷心至極的穆麗娟給戴望舒寫了一封信，斷然提出了離婚分手。戴望舒接到這封信後，才意識到了問題的嚴重性。很快，詩人給穆麗娟寫了封「絕命書」，說他不能失去妻子，否則將要自殺。穆麗娟的態度非常堅決，說什麼也不肯回心轉意。戴望舒無可奈何，果真選擇了服毒自殺，幸虧被人及時發現，才從黃泉路上撿回了一條命。

這個故事的後續結局是，和穆麗娟分手後，戴望舒在香港主編《星島日報》副刊《星座》。此時已是1941年底，太平洋戰爭爆發，日軍進攻香港，香港與內地的航道幾乎斷絕。有人說，詩人本來有機會在東江游擊隊的保護下安全撤離香港，但是不知道

為什麼,他放棄了那次機會。日軍佔領香港後,戴望舒又被作為抗日人士被捕入獄,受到嚴刑拷打,後經好友葉靈鳳保釋才得以釋放。1943年,戴望舒在與穆麗娟重婚無望的情況下,與楊靜在香港大酒店舉行了婚禮。遺憾的是,這次婚姻也並不長久,1948年末,楊靜愛上了一姓蔡姓青年,向戴望舒提出離婚,戴望舒做了種種努力仍然無力回天,最終兩人天各一方。

1949年,戴望舒來到北京,被安排到國家新聞出版總署國際新聞局負責法文科的工作。這時候他的哮喘病已經十分嚴重了,連上樓都要停下來休息一會。他聽從醫生的建議,到醫院去做了手術。病情還未好轉,他便提前出院,在家治療,給自己注射麻黃素針。1950年2月28日上午,戴望舒照例自己打麻黃素針,由於劑量過大,注射後不久心臟跳動劇烈,他撲倒在床上,昏迷不醒。等到送到醫院搶救時,已經停止了呼吸。

多年以後,詩人的女兒戴詠絮說:「父親死時,我才6歲。我當時是父親最寵愛的女兒,父親忽然去世,我感到害怕,只覺得家裡來了許多人,便跑到離家很遠的僻靜的地方發呆。現在想來真是一場夢……」女兒戴詠絮的夢中,不知道有沒有那棵掛滿了哀愁的丁香樹?

張資平：時代與愛的歧路

　　張資平（1883—1959），生於廣東省梅縣的破落世家。少年時曾進入美國教會辦的學堂讀書，1912年夏天，被廣東國民政府選派為留日學生，後畢業於東京帝國大學理學院地質系。早期曾與郭沫若、郁達夫、成仿吾等人一起，參與組織著名文學團體「創造社」的活動。

　　張資平擅寫小說，人物生動，故事曲折，特別喜歡寫三角、四角等多角戀愛，常有露骨描寫，當時中國社會剛經歷「五四」，新風襲來，但傳統壓力仍在，青年人渴望自由戀愛，他的小說滿足了市井階層的趣味。

　　張資平早期的創作十分勤奮。他的第一本小說《衝擊期化石》銷量一般，但接下來出版的《飛絮》，「人手一冊，行銷巨萬」，此後《梅嶺之春》、《苔莉》、《最後的幸福》、《蔻拉梭》等戀愛小說均成暢銷書，一版再版，成了創造社的搖錢樹。家庭經濟方面開始變得富足，於是便專門在家從事小說創作了。他用稿費在上海建了一幢精緻別墅，取名「望歲小農居」，他還開了一家「樂群書店」，偶有閒餘時間，便到大學裡去講授「如何寫小說」。

　　張資平的妻子是同鄉大家閨秀熊淑琴。據學者沈立行說，他曾親眼見過熊，非常美麗，二人生有幾個子女。南京淪陷，熊淑琴不願隨丈夫去赴職，堅守於「望歲小農居」。張資平獨居南京任官，結果與下屬劉敏君戀愛，時年張資平48歲，劉敏君24歲。倆人的戀情被小報廣為傳播，劉敏君被戲稱為「小花瓶」，張資平乾脆租屋與她同居，稱住處為「瓶齋」。

　　抗戰勝利後，謀生心急的張資平用真名在報上連載文章，引來讀者聲討，國民政府也注意到他，1948年，張資平被控以「漢奸罪」。張資平寫信向胡適求助，表明自己雖受汪政權職務，但未做過壞事。胡適沒有回信，但張資平說，胡適暗中肯定幫了忙。張資平一審被判一年三個月徒刑，但被駁回，準備重審時，恰逢上海解放，他逃過一劫。

　　新中國成立初期，張資平找不到工作，為謀生，他給潘漢年多次寫信，潘漢年未作回應。又寫信求郭沫若，效果也不佳。張資平還給周恩來、劉少奇等領導人寫信，最終在一家私立學校中當上老師，月薪100餘元。

　　1955年6月，肅反運動中，張資平被逮捕，三年後，以歷史反革命罪被判20年徒刑。1959年，張資平因病死於勞改農場，終年66歲。

父親

　　1917年10月12日，時年24歲的張資平正在日本東京第一高等學校讀書。傳達室的老校工遞給他一封電報，拆開一看，電報紙上寫著父親去世的噩耗。他顫顫巍巍，身體搖晃像是風中的一棵樹，踏著上午的陽光回到宿舍，癱倒在榻榻米上失聲痛哭，撕心裂肺的哭聲伴隨秋日蟬鳴在校園的天空中飄蕩。傍晚時分，同學郁達夫、郭沫若、成仿吾等聞訊前來勸慰，讓眾多同學費解的是，直到這天深夜，張資平仍然是個淚人兒，怎麼也止不住野獸般的哭聲。

　　母親生下張資平之後就去世了，父親張經皋又當爹又當媽，一手把兒子拉扯大。不滿4歲，父親在家中為他開設專課，教完《論語》又教《詩經》。張資平對父親的感情深厚濃郁，在自述

中他這樣寫道：父親白天教我讀書，夜裡陪我睡覺，他是我的知己。

張資平的高祖精於商道，清朝嘉慶年間號稱「百萬」，在廣州城開設有綢緞店，是享譽廣東梅縣方圓數百里的旺族。到了他祖父那一代，張家開始衰落。據張資平自述中說，家族沒落與祖父關係甚大，那個一生不得志的人，從童子參加科舉考試，一直到古稀之年仍未考中，家中所有銀兩全都砸在了科場上，最終仍是功名未就，窮困潦倒。

到了他父親那一代，對科舉魔場終於有所覺悟。1901年，26歲的張經皋做了個石破天驚的決定，他要下南洋去打工，終結家族越考越窮的狀態。過完元宵節，張經皋搭乘一艘機動蓬船到汕頭去了，他要從汕頭轉乘火輪下南洋，開始自己嶄新的人生。奇怪的是，祖父對父親下南洋之事始終未置一詞，父親離去之後，祖父的脾氣卻變得異常焦躁不安。兩天後，祖父也搭乘機動蓬船去了汕頭，到400多哩外的海港去和父親見面。「本來今年秋天該讓你去趕科場的，不想家計如此窘迫，而我又已經老了……」祖父說這話時已經淚流滿面。

二月冷冽的寒風中，父親張經皋咬緊牙關，嘴唇皮上泛起了一排白印。「您老不要說了……」父親的聲音像空中雁陣，穿越時空渺渺飛翔，在張資平心中激起了無限傷感。那天，父親含著悲愴的心情，把老祖父送回潮州，急忙折回汕頭去搭乘開往暹羅的火輪。但是祖父並沒有從潮州回梅縣，當天晚上，祖父又來到汕頭，抓住兒子的手不肯放。張經皋無計可施，只好把他老人家再送回潮州。等到祖父第三次趕到汕頭海港時，那一刻張經皋搭乘的火輪已經啟航了，老祖父站在碼頭上，望著大海上漸漸遠逝的火輪流淚。

　　傳說中的生離死別原來是這個樣子的！家族中的長輩說，那是一個不祥之兆。老祖父知道自己不能再見父親一面了，所以在潮州與汕頭之間往返了三次。

　　到了這一年的十月下旬，祖父出省城赴科舉考場，在經歷了最後一次落榜的沉悶打擊之後，一病不起，帶著失敗與不甘離開了人世。當時父親張經皐正由暹羅赴蘇門答臘，再由蘇門答臘轉赴霹靂州，為生計不停奔波，行蹤飄忽。等到知道祖父去世的消息時，已經是兩個月之後了。大年三十的黃昏，父親趕回家鄉為老祖父送葬，家中除了幾間舊房子外，真是一貧如洗，祖母和全家人束手無策，都指望父親張經皐能夠早日回來，帶領這個家逃離苦海。

　　從此父親一肩挑起了家庭的重擔。可是張經皐天生是個白面書生，家族中經商的遺傳基因到他這一代已經喪失殆盡，何況他還沒有通商的資本。那一年正遇到大旱災，等到家中的舊物全部典當出去了，父親決意開蒙塾。

　　考察一位作家有兩把鑰匙。第一把是他的家族，第二把是他的少年時代，所有的密碼都像指紋似的隱藏在其中，既無法複製，也無可替代。張資平少年時有一段在教會學校裡讀書的履歷，父親張經皐也進入教會學校任教，在當地許多鄉紳們的眼中，張家父子這是當洋奴吃洋飯，是背叛祖宗的忤逆孽障。其實張經皐父子既沒有加入教會也沒有受浸洗禮，他們如此這般只是權宜之計，全部考量並非出於道德倫理而是出於經濟適用——能幫家庭省錢。

　　若干研究者論述張資平可歎可悲的一生時，多指出他對文學缺乏虔誠和獻身精神，只是把寫作當成謀生的一種工具。回顧他人生轉折的幾個關鍵時刻，無不屢次三番得到印證。及至後來

他成了名作家，靠豐饒的稿費收入在上海城郊修建了「望歲小農居」別墅，為應付出版商雪片般飛來的約稿，還僱請了幾位窮學生當助手，一時間張資平成為上海灘最富有的作家——即便到了那時，他始終都是將利益追逐放在首要位置。

張資平本人到了晚年時也帶著悔悟的口吻歎息：「我因為負擔太重，不單孩子太多，而且要擔負親戚族人的一部分生活費，弄得精神十分頹喪，對一切事情抱悲觀的態度。」其實這話他只說對了一半。負擔太重是真，導致精神頹喪卻並非必然，恐怕得從他過於看重經濟利益的角度來分析。張資平是如何被家累生計的繩索捆綁住的？他為何被眾多研究者所詬病？確實需要仔細探究。拿他與身世經歷大體相同的作家郁達夫來比較，多少能從中看出端倪。

趕考

時代風雲激蕩，眨眼間小雞變鴨，民國來了。

那一年張資平19歲，他剪掉拖在身後的辮子，脫下長衫和馬褂，換上藍粗呢學生裝，昂首挺胸走在大街上，看上去英姿勃勃，意氣風發。但是在他心裡，仍然免不了暗暗為前途擔憂。科舉考試結束了，民國來了，未來究竟是什麼樣子的？自己將來會做什麼？他心中一片茫然。

有一天，張資平聽到一條消息：一個親戚的兒子考上了日本官費學校，赴東洋留學去了。帶來這條消息的人同時還說，有所陸軍學校眼下正在招生，鼓勵張資平去報名一試。張資平興致盎然，回家將聽來的消息一股腦兒對父親說了，父親冷著臉，搖頭說：「好鐵不打釘，好男不當兵。」

若干年後，張資平在自述中寫道：「父親那時候是這樣頑固

的。假如父親在那時候，能預料著自辛亥革命之後一直到現在，軍人也像黃浦灘頭的地價一樣，一天一天地漲價時，他也贊成了我去投考陸軍學校了吧。」

當時的廣東省，最令青年們嚮往的高等學校是法政學堂和方言學堂，學制五年，側重學習外語，人們稱之為未來外交官的搖籃。但是那些學校，張資平這類家計清貧的青年不敢問津。他在自述中說，自己只想考一份官費，學一門專業知識，日後作敲門磚，在社會上謀一個飯碗。「沒有飯吃，還談得上功名麼？」這句充滿傷感味道的自問，指引了他後來一生的道路。

張資平像是一隻孤雁，在求學趕考的路途上奔波徘徊。據〈張資平年表〉記載，民國元年前後，他所報考的學校有廣州陸軍測繪學校，嘉應州東山初級師範學校，廣州高等員警學堂等。有一次，張資平遇到了一個熟人，說他兒子在新兵營裡當喇叭手，月薪6元。張資平問有沒有招考的機會？那人告訴他，不久就要招考，且不需要報名費。張資平一聽心思活了，與其繼續參加競爭激烈的考試，不如退讓一步去端穩當可靠的鐵飯碗。他甚至在腦海中想像了一個場景：自己當了新兵營裡的喇叭手，拿著一隻喇叭，站在高高的山坡上，迎著朝陽，嘀滴答答地吹響了號聲，一群鄉下婦女和小孩子圍著他看，目光像是在看一個英雄……結果呢，當張資平步行兩天趕到燕塘新兵營報考時，才發現他想當一名喇叭手的願望太難了，像天上月亮一樣遙不可及。人家要的是身強力壯，他卻是一介文弱書生，況且報名者要會吹喇叭，也就是說，他張資平連報名資格都沒有。

類似的沮喪失望場景，張資平不知經歷了多少次。他回憶說：「在當時，自己的情景實在有些像饑不擇食的動物。先決條件是有官費的津貼，有了官費，無論任何學堂都可以進，如何的

辛苦都可以捱。」為了達到目的，他甚至造假作偽，在官府一次選派留學生的報考中，張資平冒用「張偉民」的名字，說自己扔過炸彈，在辛亥革命中跟隨張醁村將軍作戰。事後證明，張資平的造假作偽沒有任何意義，官府事先已經內定好了留學生人選，報名只不過是掩人耳目。

報考留學日本的情景也不例外。當張資平聽說報名人數高達上千人時，他暗暗打起了退堂鼓，他在自述中說，「欲中止報名數次，我當時，真有些怕徒自找苦吃，也捨不得那毫洋兩元的填冊費」。稀裡糊塗參加完考試，張資平感覺自己沒考好，勇氣全無，不敢抱任何希望，為了躲避老師和同學，乾脆跑到香港去散了幾天心。豈料當他重新回到廣州時竟意外地得知一條消息：考中了！

造化弄人，天意難測，世界上的事情往往正是這樣。

創造社

張資平報考日本留學生，是衝著經濟實惠而去的。可以官費讀書，且有港幣百元的治裝費，到日本後，每月又有日金37元半的補助可領。一旦考取，他在腦海中迅速勾勒未來的情景：硬得像門板一樣的棉被該丟了，得去香港購置高級紅毛氈；同學們十中七八有手錶，自己也非買一塊不可了；不要再穿白竹布的制服了，得買套好一點的帆布學生裝；還有黃皮鞋，假若經濟寬裕，另外配副墨晶金絲眼鏡……「這樣裝束起來，同學們哪一個趕得上我漂亮呢？」

自述中的夫子自道將張資平內心裡的真實想法暴露無遺。這實在不應該是一個青年學生的想法，倒像是一個務實老成的中年人在處心積慮地謀劃人生。

　　一個風起雲湧的大時代來了，將並無思想準備的張資平推到了前排。1912年8月，張資平考取官費留日生離開中國赴日本，最初在同文書院學習日語，他異常勤奮刻苦，不到一年便學完了需修三年的課程。1914年，張資平考取東京第一高等學校，和郁達夫、郭沫若、成仿吾等人成為同學。

　　1918年夏天，暑假期間張資平留在日本福岡補習功課。隔三差五，他喜歡到箱崎海濱浴場去游泳。有一次碰見了郭沫若，徐徐海風中，兩個身在異國他鄉的遊子談論起日本報刊業的繁榮興盛，又說到國內文學界的暗淡情景，張資平忍不住搖頭歎氣：唉，中國真沒有一本可讀的雜誌。郭沫若當面說道：「其實我早就在這樣想，我們找幾個人來出一種純粹的文學雜誌，採取同仁雜誌的形式，專門收集文學上的作品。不用文言，用白話……」

　　張資平讀的是地質系，與讀經濟系的郁達夫住同一間宿舍。這年開學後，張資平、郁達夫、郭沫若、成仿吾等人經常在鴿子籠似的宿舍裡聚會，討論同仁辦刊的瑣碎事務。他們提出各人從每月的官費中節省出四、五塊錢來墊付印刷款。郭沫若在《創造十年》中將那段歲月認定為創造社的「受胎期」。就這樣，一個在中國現代文壇上高揚浪漫主義大旗的文學社團及其刊物，即將噴薄而出了。

　　實際上，張資平與郭沫若海濱邂逅談論辦刊，也就只是嘴上說說而已。雖然他尚在讀私塾時就對文學產生了濃厚的興趣，喜歡讀《西遊記》、《七劍十三俠》、《說岳全傳》、《天雨花》、《碎樓琴》等，繪聲繪色地講給朋友聽，還偷偷嘗試學寫言情小說：趕考的書生丟了把扇子，被走出後花園的小姐拾到了，由一段相思情生發出憂傷的故事……只不過，為了更好地適應生存，張資平暫時把文學欲望藏在內心，猶如撒在心田上的一

顆種子，遇到合適的環境便會發芽開花。

在後來創造社的若干社會活動中，張資平的身影並不活躍。這也很正常，按照郭沫若在《創造十年》中的說法，創造社「是由幾個朋友隨意合攏來的。我們的主義，我們的思想，並不相同，也並不必強求相同。我們所同的，只是本著我們內心的要求，從事於文藝的活動罷了。」張資平加盟創造社，主要是出版了他的《沖積期化石》——這也是現代文學史上的第一部白話文長篇小說，雖然尚嫌稚嫩，其開拓之績功不可沒。

小日子

張資平是喜歡過小日子的人，也是會過小日子的人。

日本留學期間，張資平生理上起了變化。20歲，正是男歡女愛的年齡，情欲困擾像是蟄伏在身體內的毛毛蟲。這種情欲的苦惱，是他踏上日本國度後才開始強烈感受到的。他對日本女性發生了興趣，十分羨慕那些娉上日本女學生的男同學。在自述中他這樣自責：「我那時候的思想，真是可以說漸趨墮落。」

但是，張資平畢竟從小浸淫於中國傳統文化的氛圍中，是從傳統過渡到現代的一個人。這個來自於視情欲為洪水猛獸的封建禁欲國家的青年，忽然置身於性開放的異國他鄉，巨大的文化反差使他感到眩暈和迷茫。

張資平的初戀發生在日本熊本縣的讀書期間。對於那次戀愛經歷，他說道：「在日本鄉間，居然認識了一個平凡的日本姑娘。她有女子中學的程度了，在女子中學畢業之前即改習產科，對於性的知識比我們這些大學預科還要高深，受了她的刺激頗深。」

小說處女作《約檀河之水》中張資平寫了那場愛情。這是

一個留學日本的中國學生和寄宿客棧老闆女兒之間發生的故事，在寂寞萬分的時候，他聽見她的幾句安慰話，像是行進在沙漠中的旅人發現了清泉。不到半年功夫，他們的愛情之樹由萌芽到開花結果，相愛的熱度達到了沸騰點。二人在未經家人允許的情況下，過了一段有實無名的夫妻生活。韋先生赴礦山實習離開前夕，女孩芳妹發現自己懷孕，在姨媽的安排下，芳妹到鄉下待產。照顧她的醫生是位基督徒，在醫生的影響下，芳妹意識到自己的「罪」，芳妹最後皈依了基督教，這也影響了韋先生。小說結尾，嬰兒夭折，韋先生的精神也崩潰了。

　　小說的故事情節並不曲折，但是作品中彌漫著濃郁的感歎、哀怨與懺悔的悲涼氣息，充滿了靈魂救贖的意味。評論者認為，張資平的小說具有一定程度的「私小說」特徵，其作品大多取材於自己的經歷，或身邊發生的小事瑣事，被稱為「身邊小說」。從這個角度看，他的處女作《約檀河之水》敘述的愛情故事，基本上應該是真實可信的。

　　不可否認，張資平與日本姑娘「芳妹」的愛情是真誠的。儘管如此，他依然固守傳統道德觀念，將性愛與婚姻嚴格區分開來。對於日本女性，他只是逢場作戲，即便心中萌動了真情，也盡可能壓制。張資平是個精心盤算如何過小日子的人，他心目中的理想妻子，必須是中國的賢妻良母型女性。

　　張資平的妻子叫熊淑琴，廣東梅縣人，畢業於廣益女子師範學校。熊淑琴的父親熊素村，曾擔任中國駐日本使館職員，從事留學生的管理工作。認識張資平後，將這個能幹務實型年輕人挑選為乘龍快婿，請美國牧師汲衡出面作媒，說成了這樁親事。此時的熊淑琴尚在學堂裡讀書，並不想馬上結婚。然而已經年近30的張資平見到熊淑琴，覺得十分滿意，希望盡快完婚。1922年9

月9日，他們在廣東梅縣老家「留餘堂」舉行了婚禮。婚禮前一天，張資平將祕密藏在行囊中的四、五位女子的情書找出來，像黛玉焚稿似的，付之一把火，要以一個純潔新人的面目出現在新婚妻子的面前。

婚禮結束後，按照計畫，張資平準備帶熊淑琴去日本度蜜月。臨行前，廣東省政府忽然安排了一份工作：讓他到蕉嶺鉛礦去擔任中方經理兼總技師。接到聘書後，務實的張資平帶著新婚妻子來到蕉嶺。

蕉嶺鉛礦是廣東省政府與美國輝華洋行合作的一個專案，實際上，大小事務都由美方包攬，張資平身為中方經理，並無任何實權，也無多少具體工作，等於是掛了個虛銜。不過張資平是個隨遇而安的人，他沒有什麼怨言，樂得空閒自在，利用大把時間為商務印書館編撰科普性質的小叢書，先後編撰了《高中地質礦物學》、《普通地質學》、《人文地理學》等。

郁達夫說創造社初期奮鬥的歲月非常艱難，他和創造社諸人苦戰惡鬥，拚命吃苦，「這中間過得最安適的，是僻處在廣東蕉嶺的礦山中的資平。他老先生在那裡娶了老婆，生了兒子，受了一般人的尊敬……」張資平本人也承認，他當時只擔負供稿，其他事宜都託付給了他所信任的三位老同學。事實上，張資平當時的狀況並不像郁達夫說的那麼安適，在自述中他說自己是寂寞的。一個接受了國外現代教育的人，忽然置身在荒郊野外的礦山中，精神狀態不寂寞也難。

為了過好自家的小日子，張資平忍受了難熬的寂寞。無論是寫小說，還是當礦山經理，張資平都把它們當作謀生的手段。如果換一個時代，張資平埋頭寫作暢銷書，年年榮登作家富豪榜，也不失為一種讓人羨慕的生活方式。然而張資平的時代強調文學

為政治服務，文學為人生是不可抗拒的主潮流——也是作家們惟一的出路。幾乎所有作家眾口一詞地認定張的多角戀愛小說是一種墮落，連性情溫和的沈從文都說：出版業中的文學商品化傾向，始作俑者是張資平。

十餘年中，張資平先後出版了長篇小說18部，中短篇小說無數。有一度，張資平的讀者比魯迅的讀者還要多。為應付出版商的約稿，張資平專門雇請了幾個大學生當槍手，根據他列的提綱寫暢銷書。他還用稿費在上海城郊建了幢別墅，取名「望歲小農居」，為此沒少挨魯迅的嘲笑和辱罵。魯迅在《偽自由書》後記中這樣寫道：「可是中國也還有好事之徒，竟有人不怕中暑的跑到」望歲小農居「這洋樓底下去請教他了。」

在如火如荼的大時代，張資平靠寫作過著他的小日子。

他沒有想到，此刻危險已經漸漸逼近了。

「腰斬」事件

張資平被讀者摒棄是從1930年開始的。那一年，魯迅先生寫了〈張資平氏的「小說學」〉一文，對張極盡熱嘲冷諷，張開始為左翼讀者所鄙夷。1934年發生「腰斬」事件後，張資平淡出文壇，漸行漸遠。

關於「腰斬」事件，經過是這樣的：

黎烈文是留學法國的文學碩士，回國後被《申報》老闆史量才看中，邀請他擔任《申報》「自由談」欄目編輯。「自由談」在歷史上是個有影響的欄目，最早由鴛鴦蝴蝶派文人王鈍根、姚鵷雛、陳蝶仙等主編。黎烈文接手「自由談」後，自覺遠離鴛鴦蝴蝶派文風，向新文藝靠攏，成就了「自由談」的一段輝煌。

黎烈文約稿的作家有魯迅、茅盾、郁達夫、陳子展、曹聚仁

等，也有由郁達夫約請而來的張資平。1932年12月1日，黎烈文正式上任，張資平的小說〈時代與愛的歧路〉同一天在報紙上開始連載。

張資平不是鴛鴦蝴蝶派作家，他的創作非常複雜，寫過一段時間的革命小說，隨後轉向俗套的藝術之路，成為一位趨時的時髦作家。張資平對世俗生活有濃厚的興趣，又對新文學的藝術形式頂禮膜拜，因此，他所走的通俗文學之路與鴛鴦蝴蝶派作家顯然有所區別。有的學者認為，由張資平開始，從新文學創作群體中分裂出一支連綿不斷的創新型大眾讀物的作家流派──新海派。「他們迎合上海市民的世俗欲望，煽情媚俗，使新文學與商業性文化聯姻。」（顏敏：《張資平評傳》）站在今天的角度心平氣和地看，讓新文學與商業性文化聯姻並非不可以，或許是能使新文學拓寬道路的一條途徑。如果當時的文壇多一些寬容，讓遠離政治的張資平們有一席之地，中國現代文學必然會多一些繁榮。

遺憾的是事情並沒有朝那個方向發展。1933年4月22日，「自由談」欄目中以編輯室的名義刊出了一則啟事：「本刊登載張資平先生之長篇創作〈時代與愛的歧路〉業已數月，近來時接讀者來信，表示倦意。本刊為尊重讀者意見起見，自明日起將〈時代與愛的歧路〉停止刊載。」

中止一部連載作品，並且是一部有相當影響作家的作品，這樣的情況並不多見，在上海文壇引起了很大的反響。《晶報》等報刊發表文章，說黎烈文在左翼作家的指使下，腰斬張資平，排除異己，建立清一色的「左聯」天下，「自由談」變成了赤色王國。左翼作家也迅速發動了猛烈的反擊。

身處漩渦中心的張資平，內心裡有許多難言的痛楚。一方

面，他的作品《青春》、《長途》、《跳躍著的人們》、《明珠與黑炭》等屢次三番被國民黨政府查封；另一方面，〈時代與愛的歧路〉又為左翼作家所不容，遭遇腰斬。兩方面的夾擊使得張資平身心疲憊不堪。進入30年代，張資平在文壇漸漸孤立，他步入一條下坡路，作品的讀者越來越少，竟至聲名狼藉，新文學的一名悍將最終沉淪了。

歧路彷徨

1934年之後，張資平出版和翻譯的作品逐年減少，原先優裕的生活狀況有所下降。據張資平年表記載，1938年3月，梁鴻志籌建南京維新政府，想拉張資平加入。如果出於經濟角度考慮，張資平生活拮据，正迫切需要錢，進入汪政權中領一份薪水也未嘗不可。但是此時張資平依然把民族氣節看得很重，找了個藉口潛逃香港，又輾轉廣西梧州、桂林，然後繞道越南。直到這年10月，才重新回到上海。

到了1939年，張資平應袁殊之邀，化名張星海，出任「興亞建國會運動本部」文化委員會主任。經學者考證，這個所謂的漢奸組織，幕後總導演是共產黨人潘漢年，具體主持者袁殊也是一名地下共產黨員。按照張資平的說法，他是在不知情的情況下被人裹挾所致，他本人曾向汪政權提出過抗議，並提出辭呈。歷史發展的真實軌跡是：先是郁達夫在報紙上發表文章，指出張資平在上海被日本人收買的事已是事實，「我們最不願意聽到熟悉的舊日友人有這一種喪盡天良的行為」；後來毛澤東在延安文藝座談會上的講話中公開點名指出：「周作人、張資平的漢奸文藝，玫瑰蝴蝶的『民族文學』，無論他用了多少美麗的化裝，總不能掩飾掉他們的主人是誰，他們是為侵略者統治者而創作的。」

　　至此，張資平被釘在了歷史的恥辱柱上，遭受世人的恥笑、辱罵和唾沫。

　　1947年5月，張資平因漢奸問題被國民黨司法機構逮捕。張資平不服，幾次上訴，還兩次寫信給胡適辯解。張資平的信件內容歸納起來有四點：一是申辯未曾擔任汪精衛政府的地質調查所所長；二是擔任中央研究院博物委員會委員，是為了保存、整理岩礦標本；三是姚中仁蒙蔽國民黨上海市黨部主任方治，以漢奸罪檢舉他，是圖謀霸佔他在上海江蘇路的住房；四是請求胡適為他申辯，以解決多年失業的痛苦。然而，張資平的上訴以及請胡適出面解救的信件沒有起任何作用，1948年4月，國民黨上海最高法院判處他有期徒刑一年三個月。張資平仍然不服，繼續上訴，最後結果是不了了之。

　　與張資平的事業遭遇重創的同時，他的家庭生活也出現了危機。

　　1940年3月，張資平把家眷留在上海，他獨自一人赴南京汪政權農礦部任職。這種做法，對張資平來說有些反常。自從他結婚成家以來，妻子兒女如影相隨，從未有過長時期的分離。張資平是以寫愛情小說著稱的，但是他的個人感情生活一直以來都很安分。與郁達夫因婚變之事鬧得滿城風雨不同，張資平是個現實的人，他心中明白：現實和藝術是完全不同的兩個世界，不能混淆。

　　然而這一次在南京，張資平感到人生的前途黯淡，精神世界迷茫。他掉進了愛情的沼澤地，不可自拔。

　　張資平愛戀的對象叫劉敏君，當時年方24歲，是農礦部技術司的一名科員。劉敏君人長得漂亮，且又愛好文學，被部裡的人稱作「小花瓶」。當她得知上司張資平是昔日上海灘赫赫有名的

大作家時，慕名前往請教。那一年張資平47歲，年齡差不多大她一倍。精神世界空虛的張資平，見到劉敏君後墜入了情網。劉敏君起初想迴避，但是在張資平的猛烈進攻下，心理防線終於還是被攻破了。他們在南京城開始同居。

張資平與劉敏君風流豔事不脛而走。不久，南京一家名叫《京報》的小報刊登了紀實文學〈小花瓶傳奇〉，將二人的戀愛史添油加醋地公布出來。張資平憤懣不平，卻又無可奈何，乾脆將他在南京租住的小洋房稱作「瓶齋」。

張資平感覺到，自己一步步彷彿是在走向深淵。自從遭遇腰斬事件，寫作上的大紅大紫時期已成往事；參加「興亞建國會運動本部」以及在南京農礦部工作，又使他背上了漢奸的黑鍋；與「小花瓶」劉敏君同居，被南京小報爆光，結髮妻子熊淑琴不能忍受，找到南京「瓶齋」與劉敏君扭打成一團，再次被南京小報爆光，諸如「生活兩難家庭不和，迎妻被阻痛毆髮妻」，「張資平與髮妻相毆，第二夫人捲入漩渦」之類的標題赫然醒目，家中的兒女也紛紛譴責張資平。此時的張資平，陷入到了內外交困的境地。

張資平如同關進籠子裡的一頭獅子。困獸猶鬥，他要作最後的掙扎。1945年，他創作了一部小說《新紅A字》，由上海知行出版社發行。這部小說以第一人稱的方式寫了他與劉敏君的那段生活，講述了在汪政府任職的年輕女性柳英，和昔日的文學家、上司黃重禾從戀愛、同居到分手的故事。

柳英是機關裡的「花瓶」，因為家庭困頓不得不出外謀生。黃重禾出於生活的無奈而任職汪政府，內心充滿了精神的痛苦，漂泊著秦淮河畔的哀愁。故事中的兩個主角同是天涯淪落人，他們的愛情籠罩著一層淒迷哀婉的色調，充滿了世紀末的滄桑和悲

涼。同時，黃重禾與柳英相愛，需要承受世俗的輿論和人們異樣的眼光，這對於他來說是一種精神上的壓力。這部小說的結尾，柳英去香港留學，患了一場重病，奄奄一息地躺在病榻上，淚流滿面。黃重禾則因為失去了所愛的人，生活也就失去了重心，他縱酒放浪，在樂聲燈影裡的秦淮河畔流連忘返，人們將他當作瘋子驅趕……這與其說小說，不如說是張資平真實生活的寫照。

這部小說命名為《新紅A字》，是有意模仿美國作家霍桑的名著《紅字》。在小說中張資平借人物之口抨擊道：「他們以暴力來制裁我們的結合，無異於霍桑的《紅字》裡面所描寫的愚昧的群眾。」

客觀地說，張資平的作品中，《新紅A字》在心理描寫上真切細膩，情節起伏有致，是一部很不錯的小說。但是這部作品誕生的年代正值抗日戰爭時期，這是一個需要人們犧牲小我，以民族宏大敘事為主基調的時代。在這種文化語境中，民間話語的私人化寫作，小兒女情愛的卿卿我我，與整個時代格格不入，也很難得到讀者的認同和理解。

學者顏敏認為從小說技藝上說，《新紅A字》是張資平創作生涯中的一次迴光返照。在《張資平評傳》一書中，顏敏對於張資平的這段豔史進行了剖析，認為當他個人的事業向上、人生如意時，尚能保持積極進取的人生觀；一旦人生失意、前景黯淡，便沉湎於聲色犬馬，自暴自棄。顏敏這樣寫道：「張資平，一個曾經蜚聲上海灘的文人，後來竟落拓到需要對異性的佔有來感覺生命的存在，來證實自己的存在價值，並與女性交往來聊以度日，排遣無法揮散的精神痛苦與人生的無奈。在社會上，他不僅無所作為，而且連立錐之地都難找到，這不能不說是一種人生的悲哀。」

　　建國後，最初兩年多張資平一直找不到工作。他兩次投書潘漢年，陳述家境困難，請求解決失業之苦。時任上海市副市長的潘漢年沒有直接回信，將信件轉給長寧區政府，通知張資平先寫一份罪過書，然後到某中學去教書。對於這份工作，張資平感到委屈，不能接受。隨後他又先後給老同學郭沫若寫信，給共和國總理周恩來寫信，但由於各種原因，這些信件最終都未能給他帶來好運。一晃三、四年過去了，張資平的工作仍然沒有著落。

　　1955年5月，肅反運動開始，張資平以反革命罪被逮捕。直到1958年，才被上海市中級人民法院判處有期徒刑20年。據傳，曾有人造訪過晚年落魄的張資平，詢問他早年「創造社」的種種情況，他以「年來記憶力衰退」為由不作回答。談到他自己早年風靡一時的小說，張資平態度漠然，搖頭道：「已經過去了。」不願再提。

　　1959年12月2日，張資平病死在安徽白茅嶺勞改農場，卒年66歲。

邵洵美：花一樣的罪惡

　　邵洵美（1906—1968），祖籍浙江餘姚，生於上海，出身在一個顯赫的官宦世家。1923年初，邵洵美畢業於上海南洋路礦學校，同年赴歐洲留學，入英國劍橋大學攻讀英國文學。1927年回國，與盛佩玉結婚。1928年開辦金屋書店，並出版《金屋月刊》。晚年從事外國文學翻譯工作，譯有馬克‧吐溫、雪萊、泰戈爾等人的作品。其詩集代表作有《天堂與五月》、《花一般的罪惡》等。

　　邵洵美是個有貴族氣質的詩人。在山雨欲來的大革命時代，他一味吟風弄月，追求唯美，似乎與當時的大背景不太和諧。但他為人慷慨，所到之處，皆有「小孟嘗」之美稱；他的慷慨使其家庭經濟狀況日漸緊張，這一點，盛佩玉女士在《盛氏家族‧邵洵美與我》一書中有所提及。

　　這個有趣的人活著時始終風度翩翩，保持著詩人的姿態，具有貴族氣質。他有一個希臘式的鼻子，長相酷似徐志摩，被人稱作「美男子」。他能說一口優美的英語，視古希臘女詩人莎芙為靈魂的愛人。即使身陷牢獄，也不願邋遢，每天要用家裡傭人們梳頭用的刨花油將頭髮梳得整整齊齊。即使貧病交加，也照樣把印有「杜甫草堂」的郵票製成書籤自賞……「相稱便是美。」他說，他戲稱自己「或者是個癡子，或者是在做詩。」

　　在他的周圍，有著一些和他同樣有趣的人，那些與他結下友情的人，其人其作品與他一樣有著真趣味：蔡元培、鄒韜奮、施蟄存、沈從文、徐志摩、錢鍾書、郁達夫、鄭振鐸、夏衍、陳夢家、胡適之、曾孟朴、林語堂、趙景深、張若谷、傅彥長、許國

璋、項美麗、斯諾夫人……凡那個時代優秀的中外文化名人，幾乎都與他有著友好交往。

邵洵美在出版事業上也有頗多成就，但是，他搞出版，總是虧本。資金周轉不靈，只好在銀行透支，也時常要靠借債、典當才能將出版事業和家庭生活維持下去。解放後，邵洵美埋頭於翻譯工作，譯作有拜倫的《青銅時代》、雪萊的《解放了的普羅米修士》、泰戈爾的《兩姐妹》等，他是翻譯界公認的一流翻譯家。

不幸的是，解放後，他的命運淒涼悲慘。從「反右」到「文革」，先是被逮捕審查，釋放後又挨鬥受批判，最後死於「文革」中。女兒邵綃紅回憶道：「我最後見到的爸爸，是一個飢餓、衰弱、斑白頭髮、面龐紫烏、上氣不接下氣、瘦得只剩一把骨頭的老人。只有他一眨一眨跳動的右眼才捉住我的回憶，叫我一陣陣心酸。」

華麗家族

高中上語文課時，課本上有魯迅的《拿來主義》，書中寫道：「譬如罷，我們之中的一個窮青年，因為祖上的陰功，得了一所大宅子，且不說他是騙來的，搶來的，或合法繼承的，或是做了女婿換來的。那麼，怎麼辦呢？我想，首先是不管三七二十一，拿來！」課文下面有條注釋：「這裡諷刺的是做了富家翁的女婿而炫耀於人的邵洵美之流。」

魯迅這篇文章發表於1934年。那一年，邵洵美在上海平涼路21號開辦時代印刷廠，從德國引進了當時最先進的影寫版技術設備。按照他的計畫，這家廠子除了印刷自己辦的《時代畫報》外，還準備延攬《良友畫報》的印刷業務。殊不料事與願違，為

了節省資金，並沒有聘請製版技術的專家，僅靠幾個年輕人苦苦摸索，印出來的畫報暗淡粗糙，和精美的外國雜誌不能相比。另外，由於油墨和紙張都是進口的，成本太高，生意蝕本，錢袋子逐漸空了。

在這個節骨眼上，魯迅的熱嘲冷諷更是使邵洵美感覺極不舒服。雖說他並沒有直接寫文章反擊，但是心裡頭還是忍不住嘀咕，遇到知己便會抱怨。要說呢，魯迅的這段評語確實太過冤枉人，邵洵美出生於豪門，有顯赫的家世，也有潑天的富貴。他得到的一所大宅子，既不是騙來的，也不是搶來的。

邵洵美的祖父邵友濂是朝廷一品大員，曾經擔任台灣巡撫、湖南巡撫和上海道台。1882年，邵友濂任上海道台後，全家遷來上海，在靠近斜橋路口的靜安寺路上造起了一座大府第。大府第坐北朝南，門牌號碼400號，有東西兩幢兩層樓房。大府第雕樑畫棟，富麗堂皇，前後院各有一個花園，池塘、假山、石徑、樹林、花草……像是一幅幽靜的圖畫。遠遠近近的上海人提到靜安寺路400號邵家，無不伸出大拇指稱讚。

邵洵美的父親邵恒，是邵友濂的次子。他7歲那年，哥哥病逝，邵恒成了邵家的獨根苗，承祧著邵家一脈煙火。邵家從小給他定了親，女方是郵傳部大臣盛宣懷的四女兒盛樨蕙，結婚不久便生下了長子邵洵美。

有人說邵洵美是含著金鑰匙出生的，此言不虛。邵洵美寫過一篇文章〈我的三個祖父〉，第一個祖父是邵友濂；第二個是外祖父盛宣懷；第三個外祖父是李鴻章。為什麼是李鴻章？前面說過，祖父邵友濂的長子邵頤病逝，邵洵美於是被過繼給長房，古代這叫「兼祧」。有三個富可敵國的大家族在他背後作支撐，大少爺邵洵美順理成章地成了《紅樓夢》中的賈寶玉。

　　錦衣玉食，花團錦簇。整天被一大群太太、小姐、丫環、老媽子包圍，邵洵美從小養成了出手闊綽的習慣。由於有太多人驕寵，他還養成了一樣習慣：自己想要的東西，一定要得到。

　　在對待愛情上，也是如此。

　　邵洵美與盛佩玉第一次見面是在姑蘇——那是在祖父盛宣懷的喪葬期間，天上雲彩像一塊塊裹屍布，空氣中彌漫著不祥的氣息。那年邵洵美才10歲，盛佩玉大他1歲，11歲。邵洵美一見到盛家五小姐，就被她曼妙的風姿給迷住了。邵洵美像個小大人，叉著腰，一邊說一邊揉太陽穴。邵洵美說，自己從小和蛇有緣，一歲不到，奶媽把他放到搖籃裡，推到後花園裡去玩，一條六、七尺長的黃蟒蛇盤繞在搖籃邊，奶媽不敢靠近。小洵美不曉得害怕，從搖籃中伸出胖嘟嘟的小手去摸那條黃蟒蛇，嚇得奶媽一個勁尖聲大叫。

　　盛佩玉格格地笑了起來。她笑的樣子很迷人，像一枝顫抖的花朵。她不知道究竟是真有其事，還是邵洵美編了故事來哄她的？盛佩玉屬蛇，她心裡暗想，就算美男子是編了故事來哄我的，那也是蠻有趣的呢！邵洵美長得英俊漂亮，白皙的皮膚，高高的額頭，還有希臘式完美的鼻子。天下的美男子都不一定靠得住吧？盛佩玉一邊用眼角乜斜對方，一邊心問口，口問心。

　　祖父盛宣懷的喪禮結束後，這一大家人邀約著去杭州遊西湖。在放鶴亭，邵洵美匍匐著身子看那塊《舞鶴賦》刻石碑。讀了一會，他又繪聲繪色地講起故事來。邵洵美說，北宋詩人林和靖喜歡梅與鶴，自稱「梅為妻，鶴為子」，隱居西湖，自得其樂。「不過我不會學他，」邵洵美調皮地眨了眨眼睛，說道：「世上有這麼個大美人，就算拿神仙來換，我也不去做。」一席話說得盛佩玉臉紅了，像斜挑出的一抹桃花，那麼美，那麼醉。

　　1923年，邵洵美從南洋路礦學校（現上海交通大學）畢業。像他這種家庭的子弟，大學畢業了都要出洋留學。家裡一再催促，要他去早日動身去英國。邵洵美堅持把留學的時間往後拖，眼見得實在拖不過去了，只好向母親大人說了實情。兒子與盛家五小姐相愛，母親先前也已經聽到了風聲，見兒子這般神情，趕緊找人去向盛家求婚。

　　盛佩玉晚年在回憶錄《邵洵美與我》一書中說：「洵美在出國前，徵得我的同意，合拍了一張照片，作為正式訂婚。我親自結了一件白毛線背心送他。為此他立即寫了一首詩，並將詩發表在《申報》上。

　　……白絨線馬甲呵！

　　你身價萬倍萬萬倍了！

　　你得我終身的寵幸了！

　　你將做我惟一的長伴了！……

　　字裡行間，流露出他真摯深切的感情。事情還不止於此。為了表示自己對愛情的忠貞不渝，邵洵美還專門改了名字。他原名叫邵雲龍，改名邵洵美。依據的是《詩經》中的兩句詩：『佩玉鏘鏘，洵美且都』。」

　　盛佩玉後來回憶說，她一生中最甜蜜的記憶就是那時候。邵洵美搭乘「雨果」號郵輪去歐洲，脖子上挎著台牛門牌相機，每到一個港口，都要拍攝一些照片，製作成明信片。那一摞精緻漂亮的明信片，有的畫面是風景，有的畫面是城堡，還有的畫面是人物，分別寄自香港、新加坡、菲律賓、小呂宋、埃及、開羅、龐貝、倫敦……像一隻隻從大海上飛回來的鴿子，落上她們家的陽台——上海新聞路82號辛家花園。

繆斯之箭

邵洵美對自己是有清醒認識的。早在1936年，他就寫過一首詩〈你以為我是什麼人〉，他在詩中寫道：

你以為我是什麼人？
是個浪子，是個財迷，是個書生，
是個想做官的，或是不怕死的英雄？
你錯了，你全錯了，
我是個天生的詩人。

縱觀邵洵美流星般劃過的一生，你會嘆服，他對自己的評價非常準確。

1924年是他在歐洲留學的第一個年頭。這年春天，他搭乘的「雨果」號郵輪途經那不勒斯市，邵洵美上岸，獨自一人吃了中飯，然後靜悄悄地去參觀義大利國家博物館。邵洵美在日記裡寫道：「我的目的是去看維納斯石像，但是在二層樓上卻發現了龐貝古城的遺跡，那神奇的馬賽克，真是鑲嵌完美得天衣無縫。正在那裡歡賞，忽然我的眼光被一種不知名的力吸引到一塊殘碎的壁畫上。」

這驚鴻一瞥，如同電石火花，禁不住令他的身體微微顫抖起來。邵洵美在日記中寫道：「這塊壁畫直不過二尺橫不過一尺餘，但是那畫著的美婦卻似乎用她的看情人的目光對吾說道：走向我處來吧，我的洵美……啊，我醉了！我木了！我被誘惑了！我該怎樣走向她處去呢？走向她哪裡去呢？走向她心裡去吧，她的心是冷的。走向她靈魂裡去吧，我自己的靈魂也怕早失掉

了……」

　　壁畫中的莎弗有著赤金色的頭髮，穿著深綠色的衣衫，桃紅色的右手捏著黑色鵝毛筆，筆的一端擱在她鮮紅的嘴唇上，像海上小妖一般誘人。她的眼珠閃爍著淡藍色的光芒，恍若盈盈春水，在眺望著茫茫世界，似乎在尋找什麼。眼前真是一個奇幻的情景，邵洵美像被釘子釘住了似的，佇立在地板上一動不動。直到博物館裡穿制服的工作人員像貓一樣走過來，用義大利式英文說：「這是莎弗，古希臘的女詩人……」

　　從此，莎弗這個名字就和邵洵美聯繫在一起。像是神的昭示，那個美婦人詭譎神祕的目光，悄然指引了他一生的方向。

　　生活在西元前六世紀的希臘女詩人莎弗，如今已宛如神話傳說中的人物。有人說她貌若天仙，也有人說她相貌醜陋，後世的人們津津樂道於她的情感世界：女權主義者，同性戀，蕩婦，殉情自殺……她留下的詩像珍稀的黑玫瑰，在世界文壇的庭園裡閃耀著獨特的光芒。

　　邵洵美被女詩人的神韻迷惑得神魂顛倒，他在書房裡掛上莎弗的畫像，著了魔似的尋找她的蹤跡。但是莎弗的三本詩集已經丟失，她的作品佚失在斷簡殘篇中，像散落在沙漠中的珍珠。從愛慕女詩人莎弗為入口，邵洵美掉進了一個漩渦，瘋狂地迷戀上了英文詩，他讀莎士比亞和雪萊的詩，熟知了波德賴爾、魏爾倫等象徵派詩人，並且結識了史文朋、魏斯、喬治‧摩爾等現代作家。

　　他的女兒邵綃紅在回憶錄《我的爸爸邵洵美》一書中寫道，父親在巴黎時參加了「天狗會」——那是留學生們聚會的一個名稱：「洵美散課後總是不直接回客棧，一定要到『別離』咖啡館去坐一兩個鐘頭。這家咖啡館位於地鐵站旁邊，住在鄉下的小姐

們上火車前都會在此和朋友頭對頭地坐上一、二十分鐘。『天狗會』的大本營便駐在此。這些留學生行當不一,有研究政治的,有弄文學的,有畫畫的。可是大家趣味相同,談話的題材脫不了文學和藝術。這也是法國社會的一種風氣。」

邵洵美的詩,追求在假惡醜中尋找真善美,在苦悶的人生中覓興趣,在憂愁的世界中求快活,在罪惡的宇宙中找安慰。這令人想到波德賴爾詩歌中無處不在的宗教感。顯然,頹廢藉助於「唯美」之手獲得了超越:

啊這時的花香總帶著肉氣,

不說話的雨絲也含著淫意;

沐浴恨見自己的罪的肌膚,

啊身上的緋紅怎能擦掉去?

邵洵美的詩集《花一般的罪惡》中,類似〈春〉這首小詩的風格和句子比比皆是。我的同行、作家趙柏田在〈新月的餘燼──詩人邵洵美的一生〉一文中感歎:「一個人寫詩是頹廢的,連帶著他這個人也是頹廢的了。在這種道德邏輯下,也難怪中國的文人都拿腔捏調要作君子狀。其實頹廢又有什麼不好?它是一種風格,一種色澤,一種態度,它傾向於多彩奇異的一面,又帶著波希米亞式的自以為是。何況在當時的中國語境裡,頹廢,其實與先鋒相去不遠。」

1926年夏天,邵洵美從歐洲留學歸來,輪船途經新加坡,他登陸觀光。椰子樹、香蕉林,一陣略帶鹹味的風吹來,清新的南國風光更加賞心悅目。在報攤上,邵洵美發現一本刊物名叫《獅吼》,立刻被吸引住了。他站在那兒翻閱了一會,興奮不已。

《獅吼》是一本同人雜誌，撰稿人有滕固、章克標、方光燾、張水淇、黃中等。這份雜誌的刊名源自於佛家的「獅子吼」，據云，釋迦牟尼出世時，一手指天，一手指地，作獅子吼：「天上天下，惟我獨尊。」但是內容卻是唯美派風格的詩文，儼然是波德賴爾、魏爾倫、王爾德門下信徒。這些詩文，正合邵洵美的胃口。

回到上海不久，在一次劉海粟做東的酒宴上，邵洵美見到了獅吼社主將滕固，二人一拍即合，談得十分投機，自此成為深交。

獅吼社的前期核心人物是滕固，邵洵美加盟後，逐漸成為該社團新的核心人物。從1927年起，《獅吼》陸續出版了26期，可以毫不誇張地說，由邵洵美主持的《獅吼》半月刊成了當時文學期刊界介紹歐美文學——尤其是歐美唯美主義文學的重要陣地。

花廳

民國文壇，邵洵美有「海上孟嘗君」之美名。

雖說顯赫的家族史到他這一代已呈現出日落之勢，但是祖宗留下的金山銀山還是足夠他出手闊綽大方的。早在留學英國劍橋大學時，邵洵美的樂善好施就出了名，包括徐志摩、徐悲鴻等人都得到過他的幫助。甚至有這樣的傳說：有的中國留學生經濟上發生了困難，去找大使館求助，大使館也會介紹他們去找邵洵美。久而久之，他有了個綽號：活銀行。

邵洵美回到上海後不久，與未婚妻盛佩玉在卡爾飯店舉行了婚禮。邵家請來的證婚人是震旦大學校長馬相伯，新郎、新娘由兩男兩女四個儐相相伴，隨著輕快的結婚進行曲緩緩步入禮堂。邵洵美身著一身西服，領口繫著個黑色的蝴蝶結；盛佩玉身披潔白的婚紗，內裡是一件米黃色羊毛衫。一場婚禮，花銀數萬。別

的不說，單單那些男僕女傭向一對新人磕頭行禮得到的賞錢，就是每人兩條「小黃魚」（一兩重的金條）。喜宴上賓朋滿座，來客有劉海粟、徐志摩、章克標、黃濟遠、江小鶼、汪亞塵、常玉、張光宇、張正宇、曹涵美、丁悚等。由劉海粟帶頭發起，每人畫一張畫以作紀念。漫畫家張光宇忽發奇想，大家合作畫一幅畫，豈不更有紀念意義？於是找來一把空白扇面，你畫一座山，他畫一筆水，有的畫樹，有的畫鳥，好不熱鬧……站在一旁靜觀的徐志摩不禁手癢，主動提筆在扇面上寫了「洵美」、「茶姐」幾個字（盛佩玉出生在11月，正值茶花綻開，因此小名叫茶姐），經過眾人這麼一點綴，這把扇子立刻身價百倍，被邵洵美視為無價珍寶，小心翼翼地保藏了起來。

　　1928年前後，大略有一個短暫的時期，邵洵美被好友說動，應邀去南京政府任祕書。但是很快，他發現自己並不適合這個角色，一旦觸碰到官場黑幕，滿腔熱忱頃刻間化為一縷輕煙。返回上海後邵洵美創辦了金屋書店，後來又創辦了《金屋月刊》。據友人章克標晚年回憶：「金屋」這名字的取義，既不是出於「藏嬌」的典故，也不是緣於「書中自有黃金屋」的詩句，而是一個法文字眼，即「Lamaisondor」，讀起來聲音悅耳，照字義翻譯過來便成了「金屋」。

　　邵洵美的「金屋」也是文人雅集的場所。據好友郁達夫回憶：「我們空下來，要想找幾個人談談，只須上洵美的書齋去就對，因為他那裡是『座上客常滿，樽中酒不空』。」不消說，此時邵洵美心情是愉悅的，在1929年編譯出版的《琵亞詞侶詩畫集》扉頁上他印了這麼句話：「獻給一切愛詩愛畫的朋友。」透過這句話，邵氏內心裡的豐盈一覽無餘。女兒邵綃紅在《我的爸爸邵洵美》一書中也寫道：「邵洵美拿出家產傾力文化事業，自

己讀書、寫詩、著文、編輯、會友，忙得不亦樂乎，經濟上只出不進，但那段時間卻是他最愜意的。」

有個英文詞「Salon」，現在通譯為「沙龍」，但是當年邵洵美卻把這個外來語翻譯為「花廳」。邵洵美是個唯美主義者，他承認這麼翻譯是為了字面上的漂亮。仔細品味咀嚼，「花廳」真是比「沙龍」更加貼切和風雅。說起來，邵氏「花廳」不知道接納了多少名流雅士，他天性率真，生就一副俠義心腸。夏衍剛從日本留學歸國，窮困潦倒，生活無著，慕名拜訪「海上孟嘗君」，隨身帶了一部書稿，是他翻譯的日本作家廚川白村的《北美印象記》。邵洵美急人之所難，當即預支了500大洋的稿費，並且印出廣告，預告此書將由金屋書店出版。胡也頻被殺害後，沈從文護送丁玲母子回湖南老家，亟需一筆路費。邵洵美及時施以援手，送給沈從文一張支票，解決了他們的路費難題。鍾情仗義，有求必應，是邵洵美一以貫之的為人作風。徐悲鴻夫妻失和，邵家成了庇護所；英國作家蕭伯納到上海，也是邵洵美掏錢買單。

邵洵美的熱情和豪爽使他迅速成為海上文壇的中心，以金屋書店為基地出版的《金屋》雜誌和金屋叢書，掀起了海派文學狂熱的浪潮。徐志摩主持的新月書店運轉到後期，因為資金短缺難以為繼，又是邵洵美出手相助，使得那一輪新月持續閃爍著迷人的光芒。辦起了印刷廠之後，他對出版的興趣更加濃厚，最多時邵氏名下有九種刊物：《時代》畫報、《論語》、《十日談》、《時代漫畫》、《人言週刊》、《萬象》畫報、《時代電影》、《聲色畫報》、《文學時代》等。徐志摩、聞一多、胡適之、梁實秋、郁達夫、余上沅、潘光旦、饒上侃等一批文壇驍將聚集滬上，猶如銀河星座。

驚世之戀

前面說到過「花廳」，這裡就來說說「花廳」的故事。

二、三十年代的上海，有朵交際花名叫弗立茨夫人，她的先生是一家洋行的大班，家庭擁有巨大財富，闊氣非凡。弗立茨夫人喜歡中國京劇，專門組織了自己的京劇班子，還特地花鉅款修建了一個大戲院。那些外國人演的京劇，沒有唱腔，只有說白，而且用的是英語──把京劇演成了話劇，看上去有點滑稽，外國人一個個卻飾演得煞有介事。弗立茨夫人還經常舉辦各種名目的夜宴，來的客人極多，政界、商界、文化界的都有，高朋滿座，群星璀璨。

有一次，弗立茨夫人舉辦夜宴，邀請邵洵美參加。在那天的夜宴上，邵洵美認識了奇女子艾蜜莉・哈恩──她的中文名字叫項美麗。

項美麗是個傳奇人物，她是美國人，初來中國時，身分是世界著名雜誌《紐約客》的專欄作家。這個從小喜歡就標新立異的奇女子，6歲時穿著燈籠短褲上學，被新聞記者發現，拍了張照片刊登在晚報上，成為當地的爆炸性新聞。項美麗酷愛寫作，大學畢業後出了第一本書《初出茅廬者手冊》，拿到稿費後就去實現自己的心願──去非洲探險。幾年後，她回到美國，出版了兩本描寫非洲生活的書《剛果獨奏曲》、《光腳人的悲歌》。很快，她又有了新的計畫：到東方古老的中國探奧尋祕！她最怕的是被納入常規生活的軌道隨波逐流，一生始終都在追逐自己心中的夢想。

在弗立茨夫人舉辦的夜宴上，項美麗與邵洵美相遇了。從一開始，他們像兩顆距離遙遠的星球，在各自的軌道上悄然運行。

一旦碰巧交叉，也不過是個美麗的錯誤。然而，他們擦身而過的瞬間綻放的愛之火花，卻照亮了整個宇宙。

邵洵美有希臘式男子的美鼻子，有能夠說話的眉心。他既有中國才子的翩翩風度，又具備西方紳士的瀟灑禮儀。高雅的談吐，新穎的見解，一口純正悅耳的英語，這一切對於狂熱追逐異國情調的項美麗來說，都是金蘋果一般的誘惑。最令她動心的還是邵洵美的性格，他熱情洋溢，對世界充滿好奇心，與項美麗自己的性格正好相得益彰。這麼一個男人闖入她的世界，進入她的內心，終於，所有的事情都順理成章地發生了。

很快，邵洵美帶她去了一趟南京。在項美麗的回憶錄中她這樣寫道：

> 車窗外面，金色、藍色和紅色的霓虹燈拉成長長的光球閃過，他們氣喘吁吁，互相抱緊了。這時雲龍才想到要回答她的問題，他的聲音顫抖著，卻透出歡欣：「我知道這一切會要發生，我一看見你就知道了。」

項美麗的這本回憶錄，書名《我的中國》。長達424頁的書中，有151頁是以邵洵美為主角。在書中她直言不諱地宣稱：「我參觀中國的學校，出席免費講座。我採訪一些新的工廠，撰寫有關報導。我還觀賞了一些俄國繪畫，我認為它們大多都差勁極了。而所有這一切活動，都與我的中國朋友洵美有關……我幾乎每天都看到他，早也好晚也好，大多是晚上。」

邵洵美的一生有三次愛情經歷：第一次與盛佩玉，第二次與項美麗，第三次與陳茵眉，每一次愛情都是驚世之戀。就拿項美麗來說吧，他們一起掉入了愛情的漩渦，甚至在奇異詭譎的氣

氛中一起吸食鴉片。項美麗說她從小就夢想去冒險，體驗諸如獵獅、撞鬼之類的事，包括抽鴉片。到上海後，她漫遊在大街小巷，常常聞見一種奇異的氣味從房子裡飄出，她以為這就是東方中國獨有的味道。直到有一天，項美麗闖進邵洵美的家中，看見他躬著身子，像一隻巨大的蝦……才終於明白了鴉片煙是怎麼回事。

幸運的是兩個人後來都戒掉了鴉片癮。項美麗是請一個德國醫生幫忙戒掉的，採取的辦法是催眠法。當她醒來，問醫生從她內心世界裡發現了什麼？醫生輕描淡寫地笑了笑，說：「你是一個很有意思的人。」邵洵美戒掉鴉片癮的辦法是喝威士卡。每天早晨喝一茶杯，連續一星期，鴉片癮就煙消雲散了。

奇怪的是夫人盛佩玉對邵洵美一次次婚外情的寬容。據盛佩玉在回憶錄《邵洵美和我》一書中說，當初訂婚時她曾經對邵洵美約法三章：一，不可另有女人；二，不可吸鴉片；三，不可賭錢。然而事實上後來邵洵美卻違背了前兩條，第三條「不可賭錢」倒是沒有違背，不過，邵洵美出手闊綽，從他手中撒出去的錢如果拿去賭博，應該算得上是一場豪賭。

邵洵美與項美麗的戀情已不再是祕密，整個上海灘，家家戶戶都在流傳。盛佩玉並沒有如預料的那樣暴怒，她的態度十分平靜，像緩緩流淌的一條大河，靜水深流。她默允了項美麗成為丈夫的外室，甚至和那個來自美國聖路易城的奇女子成了朋友。後來，她又以同樣的態度接受了丈夫的另一位如夫人陳茵眉（陳原來是邵府老夫人身邊的丫環），即便當陳茵眉鳩佔鵲巢，公開與邵洵美同居時，盛佩玉也只是默默地讓開，一個人搬到另外的地方去住。而當後來邵洵美的生活有難時，盛佩玉又以主婦的身分出現，替丈夫排憂解難。

　　有人說這一切與盛佩玉從小生活的環境有關，大家族中的男人都是老爺，誰沒有個三妻四妾呢？她親眼看到的太多，也就默默忍受了。然而在筆者看來，盛佩玉後來的行為實際上與生活的磨難有關。生活總會把你的稜角磨平，歲月總會把你的鋒芒抹掉。你學會了不動聲色地看待世界，一雙深邃的眼，一張淡漠的臉，遇上任何事都波瀾不驚，轉而報以花一樣的微笑──直到那個時候，你終於才明白了生活的真諦。

悲傷成河

　　據林淇先生在《邵洵美傳》一書中說，1949年初，胡適離開大陸時，親自給邵洵美送來了兩張飛機票，力勸邵攜妻子盛佩玉同機飛往台灣，被邵洵美謝絕。南京政府垮台，國民黨大員紛紛逃難，後來擔任國民政府行政院外交部長的葉公超登門拜訪，說他已包下了一條輪船，邀約邵全家連同時代印刷廠那架德國製造的影寫版印刷機一同渡海去台灣，也被邵洵美謝絕了。「此時的邵洵美正懷著滿腔熱忱，嚮往著，期待著一個偉大的新時代的到來！」

　　1949這一年，隨著季節的轉換，邵洵美的心情也在發生變化。整個春天和夏天，他都是在滿懷期待中度過的；到了秋天，他將時代書局遷到南京路口，突擊出版了一批宣傳馬克思主義的著作，放到櫥窗最顯眼的地方賣。但是，邵洵美對國際共運史實在太缺乏瞭解，突擊出版的書多半屬於第二國際人物考茨基、希法亭等人的著作，這被視為宣傳修正主義，受到《人民日報》的嚴厲批評。到了這年冬天，邵洵美只好將時代書店關門了，他的心瑟瑟發抖，猶如飄零的樹葉在寒風中旋轉著往下落。

　　1950年，邵洵美賣掉了那架他曾引以為自豪的德國製造的影

寫版印刷機（後來印刷《人民畫報》的就是這台機器），他的時代書局的時代從此結束了。

邵洵美幹了20多年的出版事業，為此賠了百萬資產，並不感到心疼。如今驟然與出版斷絕了關係，他心上空落落的，像是丟失了珍愛的寶貝。為了排遣難耐的寂寞，也試探看看能否在北京找份工作，他攜夫人盛佩玉和兒女們全家進京，租了景山東大街一幢幽雅的四合院住下。

在北京，邵洵美先後拜訪了徐悲鴻、羅隆基、沈從文、夏衍等老朋友，工作的事情並沒有真正落實。最後在夏衍的力薦下，人民文學出版社聘請他擔任社外翻譯一職。邵洵美年輕時就翻譯過外國詩，長時間的翻譯實踐，磨練出了一支洗練乾淨的譯筆，已經躋身於國內第一流翻譯家之列。此時，邵洵美年近半百，對文字的理解漸入精微，他在一篇日記裡寫道：「我一天天明白，學問是跟了年齡走的，詩是跟了天才走的。」

有段時間，邵洵美全部精力都投入到翻譯事業中。為了譯好英國詩人雪萊的詩劇《解放了的普羅米修士》，他主動放棄了睡午覺的習慣，並且叮囑家人，幫助他婉拒所有來訪的友人。普羅米修士從天庭偷火給人類，使人間有了火種，他又傳授各種技藝知識，使人間有了文化。朱比特知悉後大發雷霆，令人將普羅米修士釘鎖在高加索山崖上，白天派神鷹啄食他的肝臟。到了夜晚，他的肝臟又長出來。第二天，神鷹繼續啄食。這樣循環往返，周而復始，普羅米修士永遠遭受折磨，痛苦綿綿不絕……在翻譯這部詩劇的過程中，不知道為什麼，邵洵美心裡頭有種不祥的預感。這是以前他的生活中從未有過的感受。果然，其後不久，當《解放了的普羅米修士》翻譯結束，交給出版社即將付梓印刷的時候，一直尾隨在身後的那隻厄運的怪鳥直衝而下，黑色

的翅膀像一陣風掠過，邵洵美聞到了死亡的氣息。

那一年，邵洵美心愛的女兒小玉不幸病逝了。在《解放了的普羅米修士》的「譯者序」中他寫道：「長女小玉在我翻譯的過程中，一直幫我推敲字句，酌量韻節。她又隨時當心我的身體，給我鼓勵，並為我整理譯稿，接連謄清三次。這部譯作的完成，多虧了她的協助。現在本書出版，她卻已經不在人間了。謹在此處對她表示最虔誠的謝意，以誌永念！」

當筆端處落下那個驚嘆號時，邵洵美的心都要碎了。

一切並沒有結束，厄運的怪鳥還在繼續糾纏。也是在那一年，邵洵美在香港的弟弟病重住院搶救，急需用錢。建國後邵洵美的手頭不再闊綽，一時又借不到錢，思來想去，只好給遠在美國的項美麗寫信求助。故事按照可以預料到的情節發展，果不其然，那封信被有關部門截獲了，邵洵美一場大禍臨頭。

林淇先生在《邵洵美傳》中講述了當時的情景：1958年10月的一天，早晨八點多鐘，擔任里弄小組長的陳茵眉正在通知居民開會，半路上被人攔住，告訴她，邵家姆媽，派出所的人來捉邵伯伯了。陳茵眉嚇懵了，掉過身沒命地奔回家。幾個穿警服的人站在樓梯口，邵洵美手腕上戴了副鋥亮的手銬，他的模樣倒是不顯狼狽，還是一副公子哥兒的派頭，反過來安慰陳茵眉，你不要急，事情會弄清楚的。

邵洵美被關進了南市第一看守所，深夜提審，卻不告訴他為什麼原因被逮捕。這是特別厲害的一招，對於邵洵美這種基本不過問政治的公子來說，平生哪裡見過這樣的陣勢？竹筒倒豆子，他在記憶庫中搜尋了個遍，把從英國留學歸來之後的個人歷史事無巨細悉數說出，提審員依然繃著個臉，斥責他避重就輕，態度不老實。

　　那一夜邵洵美無法入睡，他躺在監獄的木板床上輾轉反側，思緒萬千。終於還真讓他想起了給項美麗寫信求助的事，第二天，邵洵美將這件事也如實交代，提審員沉默良久，點了點頭。另一隻鞋子終於落地了，邵洵美如釋重負，心裡竟然泛起了一絲興奮。

　　邵洵美被抓走後，陳茵眉只好帶了四個孩子離開雲裳村，到了淮海中路1754弄17號，與大夫人盛佩玉及其子女在一起合住。兩個多月後，1958年冬天，區裡前來動員邵氏家屬去甘肅落戶，如果不去，則遣返原籍。盛佩玉因為有二女兒邵綃紅在南京工作，就帶了未成年的小兒子邵小羅去南京與女兒同住；陳茵眉的四個子女都還小，她只好拖兒帶女，背井離鄉，遷回鄉下原籍江蘇溧陽。

　　邵家星散了，淮海中路的那幢房子隨後也被沒收。

　　邵洵美是1962年4月6日釋放出獄的。他的身體本來就差，在監獄裡又落下了氣喘病，數次進出於在鬼門關。女兒邵綃紅回憶說：「爸爸口唇發紺，呼吸窘迫，痛苦不堪。一呼一吸如同破舊的風箱，已經再也拉不動了！我輕輕撫摩爸爸那青筋畢露的手，想藉以減輕些他的痛苦──身體的和心靈的。他沒力氣坐，躺下又喘不過氣來，極度衰弱……」世上最痛苦的事恐怕並不是死亡，而是沒完沒了地在死亡邊緣上徘徊。

　　邵洵美生命中的最後三天是這樣度過的。他不知從哪兒弄來了鴉片精，天天服食。大兒子邵祖丞發現了，阻止他。邵洵美朝兒子笑笑，到了第二天，仍然繼續服食。第三天──1968年5月5日，邵洵美離開了人世，終年62歲。

　　這個季節，這個場景，使人想起了他21歲時出版的第一部詩集，書名《天堂與五月》，他在〈序詩〉中寫道：

我也知道了，天地間什麼都有個結束：
最後，樹葉的欠伸也破了林中的寂寞，
原是和死一同睡著的，但這須臾的醒，
莫非是色的誘惑，聲的慫恿，動的罪惡？
這些摧殘的命運，污濁的墮落的靈魂，
像是遺棄的屍骸亂鋪在淒涼的地心：
將來溺沉在海洋裡給魚蟲去咀嚼吧，
啊，不如當柴炭去燒燃那冰冷的人生。

蔣光慈：靈魂撕裂的聲音

　　蔣光慈（1901—1931），原名蔣如恒，又名蔣光赤、蔣俠生，字型大小俠僧，安徽霍邱人，1921年赴蘇聯莫斯科東方大學學習，次年加入中國共產黨。回國後從事文學活動，曾任上海大學教授。後與阿英、孟超等人組織「太陽社」，編輯《太陽月刊》、《時代文藝》、《拓荒者》等文學雜誌，宣傳革命文學。著有詩集《新夢》，小說《少年漂泊者》、《野祭》、《衝出雲圍的月亮》等。

　　1921年赴蘇聯莫斯科學習時，與他同行的有中國共產黨早期領導人劉少奇、任弼時等。從莫斯科回國後，他即開始在文壇上大聲疾呼無產階級革命文學。1925年，蔣光慈的詩集《新夢》發表，不到20歲的阿英評價道：「中國最先的一部革命的詩集，簡直可以說是中國革命文學的開山祖。」現在看來，阿英的這一評價，用在蔣光慈身上並不為過。

　　蔣光慈的詩歌完全是詮釋性的。在他的詩中，憤青、小資和共產主義的意識形態結合在一起，他寫光明就全是美好的，新鮮的。比起詩歌來，他的小說創作藝術性更差。他提供大眾文學，卻有著無可救藥的小資情調。用時人的評論，是「喝『上海咖啡』而提倡大眾文學」。瞿秋白曾感歎：「這個人太沒有天才。」

　　但當時的中國是一個劇變激烈的社會。兩三年之間，蔣光慈時來運轉。1927年，大革命失敗後，普羅文學佔據了文壇主流。1929年，蔣光慈東渡日本治療肺病時寫的《衝出雲圍的月亮》，僅在出版當年就重版了六次。書店老闆為了賺錢，經常改頭換面

再版蔣光慈的舊作。

中國社會乃是風教之國，社會大眾並沒有多少定力，沒有足夠的認知能力，總是受時代氛圍影響。大革命失敗後的挫敗感，一旦主導了年輕人的心智，那種宣洩性作品就成為讀者的安慰。蔣光慈像一個笨拙的江湖醫生，誤打誤撞地撞開了當時中國青年們的心扉，革命、愛情、理想等，成為他小說中的主要元素。

這個無根的革命文學青年，赤條條地來去。他死於1931年，年僅30歲。他跟任何大的政治勢力、文學勢力無關，只是拙樸地表達了個人的經驗和藝術感受。1957年2月，他的家鄉——安徽省民政部門追認他為革命烈士。

赤夢

1921年5月中旬，20歲的青年革命者蔣光慈從上海吳淞口啟程，乘坐海輪赴蘇俄的海參崴，同行的有劉少奇、任弼時、蕭勁光、任作民、韋素園、曹靖華、吳保萼等十餘人。為了掩護各人的祕密身分，組織上統一進行了化裝，劉少奇裝扮成裁縫，蕭勁光裝扮成商人，任弼時裝扮成剃頭匠，曹靖華裝扮成記者，蔣光慈裝扮成鹽販子……為安全起見，十餘人分成幾個小組，彼此間佯裝互不認識。5月在中國還是初夏，到了蘇俄卻是另一番景色：北風呼嘯，大雪紛飛，天地間白茫茫一片，蔣光慈凍得渾身瑟瑟發抖。

海參崴原屬中國，地名出自滿語，意為「海邊的小漁村」。幾經變遷，這個珍珠般的城鎮被沙俄軍隊侵佔，改了個俄國名：符拉迪沃斯托克。翻譯成中文，是「東方統治者」的意思。1921年，蘇俄紅色帝國已成為世界革命的中心，它像海上的一座燈塔，向茫茫大海上的航行者發出迷人的召喚。此時的華夏，中國

共產黨即將在上海成立，狂飆般的紅色大潮亟需要大批人才，蘇俄共產國際派遣代表維京斯基到上海，幫助中國成立了共產主義青年團，上述的劉少奇、蔣光慈等熱血青年成為這個組織中最早的一批骨幹團員。

中國方面，在其中穿針引線牽線搭橋的人是陳獨秀。陳獨秀（1879──1942），安徽懷寧人，早年逃亡日本，回國後創辦《新青年》雜誌，受聘為北京大學文科學長，與李大釗等被譽為新文化運動的旗手。這位偉大的旗手，除了政治熱情極其高漲外，情感世界也十分豐富複雜，他的頭兩任夫人高曉嵐和高君曼是同父異母的兩姐妹，均為安徽霍邱縣人，與蔣光慈是同鄉。

陳獨秀私生活中的這段趣事，使得蔣光慈的人生開端平添了一位了不起的老師。認識陳獨秀之前，蔣光慈是無政府主義的狂熱信徒，克魯泡特金等人的主張是不要國家，不要政府，不要家庭。那些理論特別符合蔣光慈的胃口。別看他小小年紀，身板也還單薄，穿件破舊的藍粗布長衫，背後拖著條油光可鑒的長辮子，卻是學堂中敢於挑頭鬧事的「刺兒頭」。他砸過鄉間團練頭目的坐轎，用泥巴糊過知縣大人的烏紗帽，甚至拳打過學堂裡的校長，蔣光慈的兒時夢想是做一名遊俠，闖蕩天涯，扶困濟危，掃盡不平，揚名寰宇。認識陳獨秀之後，蔣光慈從一名無政府主義者轉變為共產主義信奉者。

赴蘇俄的旅行充滿了神祕、刺激與冒險，沿途到處都是荷槍實彈的士兵，大街上不斷傳來腳步聲、口令聲以及拉動槍栓的聲音。海參威當時正在鬧鼠疫，家家關門閉戶，大街小巷極少有人走動，因此，這一群旅蘇俄的紅色少年走在路上格外醒目。據蕭勁光〈憶早期赴蘇俄學習時的少奇同志〉一文回憶：中國政府駐海參威總領事館對他們的行蹤密切關注，抓了劉少奇、吳芳等人

去審問，像唱京戲那樣，兩邊站著刀槍手，威風凜凜。對方問劉少奇是幹什麼的？劉少奇答曰：做裁縫，他的湖南話對方聽不太懂，審了一會沒什麼結果，把人放了。

蔣光慈和曹靖華、韋素園等四五個人分在一組，在海參崴與伯力之間的一輛列車上，他們被幾個紅鬍子土匪纏住，要搶劫錢財。事情驚動了列車長，被帶到車務室中盤查訊問。藏在韋素園身上的一封密件被意外地搜出來了，列車長對著密件認真驗看了半天，僵硬的臉上慢慢綻開了笑容，他伸出雙臂，熱情地擁抱從中國到來的革命同志。蔣光慈等人仍在驚愕之中，對擁抱式的西方禮節不太習慣，一時間弄得不知所措，這時候對方人群中已經發出了一片歡呼之聲：紅軍烏拉！我們是同志！布爾什維克烏拉……

戲劇性的場面背後，潛台詞仍是生死之旅。如果列車上遇到的不是紅軍而是白軍，他們後來的人生故事豈不是全部要改寫？俄國革命後，茫茫冰雪大地飽受戰爭的創傷，由於缺乏煤炭，火車只能改燒木柴，煙囪裡飛出一串串火星，向後飛飄落在車廂篷頂上，不經意間會釀出火災。列車上的旅客驚叫起來，全車人趕緊下車去救火。鐵路也要邊走邊修路，往往走上幾十里要停下來等候前方施工。就這樣，一路走走停停，前後走了三個多月。

列車一路向西。1921年7月4日，列車翻過作為歐亞大陸分界嶺的烏拉爾山，就到達歐洲了。此時，蔣光慈寫下了他留蘇俄期間的第一首詩〈紅笑〉：

> 艱難的路已經走了，
> 危險的關頭已經過了；
> 一大些白禍的恐慌，

　　現在都變成紅色的巧笑了……

　　穿越無數艱難險阻、驚濤駭浪，前方依稀見到了光芒四射的紅色燈塔，蔣光慈興奮的心情溢於言表。

　　在蘇俄留學期間的生活十分艱苦。據同學蕭勁光回憶，麵包品質很差，有的上面長了綠黴，每天只分配一塊麵包──而且這些外國留學生享受的還是紅軍待遇，據說列寧每天也只分配一塊麵包呢！當時在蘇俄任教的瞿秋白在《餓鄉紀程》中記載：他們到中國駐俄領事館副領事薛君處吃飯，原以為可以好好美食一頓，殊不料那些蘇維埃黑麵包極難下嚥，「其苦其酸，泥草臭味，中國沒有一人嘗過的，也沒有一人能想像的。」瞿秋白回憶說，生活窘迫之際，他們還吃過兩個月的馬飼料呢。

　　即便在如此困厄的情境下，蔣光慈的心境依然是通體光明，像一支燃燒的紅蠟燭，孜孜不倦地散發希望之光。他如饑似渴地學習蘇俄紅色理論，讀列寧的《青年團的任務》、布哈林的《共產主義ABC》、波格丹諾夫的政治經濟學以及《共產黨宣言》等經典著作，甚至將自己姓名中的「慈」改為了「赤」。1921年的蘇俄大霧彌漫，在蔣光慈眼中，一朵朵紅豔豔的花兒正在濃霧中盛開。

　　不過，身處紅色漩渦中的蔣光慈還保持了一份獨有的清醒，他隱隱約約聽到了內心深處的聲音，他知道自己真正需要的並不單單是革命。留學蘇俄時期，蔣光慈結識了長他1歲的瞿秋白。兩個人都酷愛文學，深夜裡常常抵足而眠，徹夜長談，二人有一個共同心願，就是只想傾心於革命文學，不願做官，不願當政治領袖，甚至連諸葛亮那樣的謀士也不願意去出任。

　　可是，任何參加革命隊伍的人都必須做好這樣的心理準備：

在革命這台大機器內部，每個人都必須成為齒輪、配件和螺絲釘。既然加入了組織，對精神世界的控制便會不由自主地發生，尤其在大革命時代更是如此。反觀瞿秋白、蔣光慈二人後來悲劇意味濃郁的人生之路，不能不扼腕歎息。

大革命時代

　　如今蔣光慈早期的革命經歷有許多已經成了一個謎，像潛伏在大海中的冰山只露出了一角。比如「皖西建黨」，有黨史資料顯示蔣光慈是皖西回鄉建黨的第一人，諸多革命先驅者的回憶口述中也屢次三番這般提及。但是，蔣光慈本人對此卻從來閉口不談，在詩歌、文章、日記、通信中，他辯解似的強調自己有七、八年沒有回過家鄉了，即使遇到填寫履歷表格之類的場合，蔣光慈也總是三兩筆匆匆一帶而過，彷彿不願意去觸碰昔日的一塊傷痕。

　　事情的真相是：1924年6月25日，蔣光慈與蕭勁光、蕭子璋、華林、尹寬等一行十人，作為留學歸國的第一批同志由莫斯科起程，經由海參威、威海衛至上海。這一群紅色青年回國後，正面臨中國大地上爆發的一場席捲全國的革命運動，發動群眾之廣泛，宣傳聲勢之浩大，都是中國近代歷史上前所未有的。蔣光慈被派遣回鄉建立共產黨的地下組織，他發展自己小學時的老師詹谷堂加入了中國共產黨，後來又相繼發展了曾靜華、葛文宗、杜孝芬等新黨員。

　　那一年冬天，皖西正式成立了中共志成小學黨支部，由詹谷堂任書記。和蔣光慈在政治上的搖擺不定相比較，他的老師詹谷堂要堅定得多。大革命時代，詹谷堂多次組織遊行示威活動，播撒革命種子。大革命失敗後，他主動申請留在皖西農村繼續進行

祕密活動，後因為地方鄉紳的告密被俘，關入大牢。在嚴刑拷打面前詹谷堂寧死不屈，獄警曾先後三次燒紅了鐵絲，穿過他的胳膊，拉著他去遊街串鄉，每次他都被折磨得奄奄一息。詹谷堂還曾經五次陪斬，最後輪到他要被槍決的前夜，獄警發現他已經停止呼吸。第二天早晨，詹谷堂的屍體被拉到刑場上，象徵性地又被槍決了一次。

而介紹詹谷堂入黨的蔣光慈已於1924年秋天回到魔都，進入上海大學當起了一名社會學教員。在群眾運動正進行得如火如荼之時，蔣光慈從鄉村回到滬上，並非他不愛革命，不，恰恰相反，他心底裡非常喜歡革命，但要命的是，他心底裡更加狂熱地喜歡著文學。當革命與文學兩樣心愛之物同時擺在面前時，蔣光慈一頭鑽進書齋，做起了他的文學夢。這一時期，蔣光慈發表和寫作了長詩《哀中國》、《我們是無產者》、中篇小說《少年漂泊者》、《短褲黨》等，一個寫作者，一旦全身心沉浸到寫作之中，他身外的整個世界似乎就不復存在了。

蔣光慈當時的精神狀態正是如此。他癡癡地迷戀革命文學的創作，即便後來被黨組織派往張家口，在馮玉祥將軍的部隊裡擔任蘇聯顧問的翻譯，蔣光慈也顯得心不在焉，心態矛盾，情緒焦灼，精神極度壓抑。在給愛人宋若瑜的信中他寫道：「我不願做一個政治家，或者做一個出風頭的時髦客，我想做一個偉大的文學家，但是大部分光陰都浪費在編講義上，沒有多餘的時間為文學而創作，這也是我很感受苦痛的地方。……我現在苦於無多時間創作，真是苦極了！」

說到宋若瑜，有必要先敘述一下蔣家童養媳王書英的故事。

蔣光慈赴蘇俄留學之前，家裡為他訂了門親，女方是開肉案兼營豆腐作坊的王家女兒書英。蔣光慈少不更事，小時候在一

起玩，只覺得王書英帶給他很多溫馨而愜意的時光，別的沒去多想。隨著年齡增長，尤其是出外求學後，視野逐漸開闊，特別是認識了開封女學生宋若瑜後，他對與王書英的婚姻心生芥蒂，終於下決心脫離那場婚姻了。

　　1924年夏天，組織上派蔣光慈回到皖西建黨，父母見兒子回家了，滿心喜歡，大張旗鼓地為他張羅婚姻大事。面對這一情境蔣光慈十分為難，他絕不能同意這門婚事，但是又拗不過父母——更確切的說是不願意讓父母親當場傷心難過，在一種半推半就的氣氛中，他與蓋著紅頭帕的王書英進了洞房。

　　蔣光慈的這種態度實際上是不負責任，王書英原本是舊式包辦婚姻制度的犧牲品，現在悲劇的故事更是多了些毀滅的氣息。短暫的事實婚姻使得王書英懷孕了，蔣光慈後來則陷入到與宋若瑜的瘋狂戀愛中，不肯明媒正娶王書英。在這件事情上，最犯難的是蔣光慈的父親蔣從甫。王家死活不依，多次派人打上門來尋釁滋事；王書英更是感到無臉見人，幾次欲尋短見，均被蔣家人發現後好言勸阻。蔣從甫的面子在鄉親們面前丟盡了，他凶巴巴找到上海，強逼兒子回鄉娶王書英，可這事對於蔣光慈來說絕不可能。蔣光甫心裡恨透了自家兒子蔣光慈，卻又拿這個叛逆孽子沒辦法。

　　百般無奈之際，最後總算想了個萬全之策。1925年底，由蔣光慈出資200塊大洋，將王書英以蔣家姑娘的名義嫁給了農戶潘孝章。蔣從甫硬生生從臉上擠出了一點笑容，被迫充當了一回王姑娘的父親。從此之後，他自認為在白塔鄉再也無臉見人，專程跑到上海，找兒子蔣光慈要了一筆錢，舉家遷移到60多里外的六安縣蓮花庵鄉，過起了耕讀人家的隱居生活。

紀念碑

　　讓蔣光慈刻骨銘心的一場愛情是與宋若瑜的生死戀。

　　蔣光慈與宋若瑜相識，緣起於友人曹靖華、葉毓情的介紹。宋若瑜是開封第一女子師範的一名才女，早期參加了曹靖華為核心的河南青年學會，是該會成員中唯一的女性。經由曹、葉二人介紹，宋若瑜與蔣光慈相識，雙雙跌入到愛情的漩渦中，身不由己地旋轉和掙扎。

　　第一封信是由宋若瑜寄出的，她在信中試探性地寫道：「請原諒一個陌生女子的冒昧，給你寫作。讀你的詩文，深感有一種奔突的力量。聽禹勤、靖華友言及你的為人，均誇獎你的愛國熱情，表揚你的學識，令我敬仰。如蒙不棄，願與你結為良友……」蔣光慈很快回信：「一盆金黃色的菊花，一架子西文書。悶起來的時候，就看看花，對它發一陣癡想；癡想發過了之後，覺得更是無聊。」宋若瑜寫信安慰道：「我知道你的精神生活是很枯寂的，你每次的來信，我念了幾次，不禁為你表現無限的同情！我友，你的精神枯寂，我的精神又何嘗有樂趣？……你說世界上沒有愛你的人，這話我個人是不相信的，因為你是一個可愛的人。」作為一個姑娘，她需要自尊和矜持，寫這樣的信等於是投石問路。宋若瑜在信中又補寫了這麼一段：「幾年來我的同志友人有許多已經嫁了人，她們現在不惟得不到什麼快樂，並且得到了許多苦痛！我很可憐她們，因為這個緣故，我希望我能成一個獨身主義者，以免去這些無味的苦痛！」一聽說宋若瑜要獨身，蔣光慈立即回信表明態度：「凡人皆有戀愛的本能，若強抑之而不發，實反背自然的法則，亦非養生之道也。」

　　面具一點點揭開，委婉的心曲逐漸變得明朗，愛情之花在雙

方的共同澆灌下茂盛地綻開了。從1924年11月3日至1926年9月15日，蔣光慈、宋若瑜的通信多達一百餘封。宋若瑜去世後，蔣光慈含著眼淚將兩個人的書信整理出來，編成通信集《紀念碑》，1927年11月由上海亞東圖書館出版。在序言中，蔣光慈深情地寫道：「我曾幻想與若瑜永遠地同居，永遠地共同生活，永遠地享受愛情的幸福。但是在這一生中，我統共只與她同居了一個月，短短的一個月！唉，這是她的不幸呢，還是我的不幸呢？我陷入了無底的恨海裡，我將永遠填不平這個無底的恨海。」

蔣光慈與宋若瑜的愛情進展得並非一帆風順。蔣家童養媳王書英成為阻攔在他們中間的一道鴻溝，要逾越這道鴻溝，不是件容易的事情。即便宋若瑜這兒能通過，她的父母短時間內也不可能通過。好在經過艱難曲折的說服工作，一切都圓滿地解決了。當宋若瑜在母親陪伴下千里迢迢從開封到達北京，見到了蔣光慈，母親對未來的女婿點頭稱讚，這樁拖延了兩三年時間的婚事總算定下來了。

令人遺憾的是，婚後僅一個多月，宋若瑜身體內部潛伏已久的肺病遽然復發。她被送往廬山牯嶺醫院療養，清風鳥語，松濤雲浪，美麗清新的大自然似乎也想挽留她的生命。經過一個多月的治療，宋若瑜的病情大有好轉，蔣光慈得知消息後心情大好。中秋節快到了，他要上廬山去看她，聽說著名革命家方志敏也在廬山牯嶺醫院治病，正好有機會與方志敏作傾心長談。

蔣光慈沒有料到，他要去赴的竟是死亡之約。蔣光慈趕到牯嶺醫院後，宋若瑜已經久久陷入到昏迷狀態，她躺在病床上，身體虛脫，像一尊美麗的玉雕，額頭上不停地滲出一顆顆黃豆般大小的汗珠。見了蔣光慈，她睜開眼睛，兩條手臂緊緊摟著他的脖子，淚水情不自禁地流下來。此情此境，蔣光慈不由得想起了宋

若瑜翻譯的一首英文詩歌：

> 她的手涼了：面孔兒白了，
> 她的血脈已不流動了；
> 她的眼睛閉了──已經失去生命──
> 著了十分潔白的衣服，與雪一樣的潔淨，
> 躺在這紫蘭花下，陣陣風兒飄零……

他的太陽

年輕愛人宋若瑜的病逝，給了蔣光慈猝然一擊。

他全身心地投入到寫作中，想借此忘掉痛苦，擺脫靈魂上的糾纏。

但是大革命時代的風雲變幻太過急遽倉促，第二年──1927年，中國大舞台匆匆換了背景布，國共兩黨關係破裂，共產黨遭受全面圍剿，蔣光慈追隨好友瞿秋白來到武漢，在那裡，他結識了一大批詩人和作家，策劃成立一個文學社團。然而不久，武漢也發生了七一五反革命政變，蔣光慈等人遷回上海，在文化氣氛相對寬鬆的環境下，他牽頭成立了太陽社。

據楊邨人在〈太陽社與蔣光慈〉一文中回憶：

有一天，我們四個人在馬路上走著，還是討論著名稱。六月的天氣，太陽的炎威曬得每個人都是汗流浹背。我無意中對於這種天氣起了反感，大罵：「太陽真凶！」光慈好像發現了新大陸一樣地叫著：「就定名《太陽》好了，太陽象徵光明，我們的雜誌定名《太陽》，就有了向光明的意義了。」孟超在前頭走，回頭來問：「定了什麼？」光慈說：「《太陽》。」孟超露出他的向外的門牙大笑著：「好！《太陽》，《太陽》！」杏邨和我都

贊成，就將雜誌的名稱定了。

　　蔣光慈心中始終有一輪燃燒的太陽——浪漫主義的革命文學。

　　前邊說過，蔣光慈喜歡革命，更喜歡文學。他從事文學創作最大的苦惱一是找不到同志，二是不被組織理解。按照黨組織的指示，革命永遠是第一位的，任何時候文學都必須為革命讓路。可是蔣光慈卻認為，革命文學本身就是革命運動中的重要組成部分。在蘇俄莫斯科留學期間以及回國後，蔣光慈始終是孤獨的，也是寂寞的。革命文學是他心中的太陽，然而這輪太陽只能偷偷躲在他心中燃燒，他自認為的文學才華並不被組織欣賞，反而屢遭批評。曹靖華、韋素園等人雖然也是文學愛好者，但他們的文學主張與蔣光慈有很大的分歧。

　　太陽社的主要成員有蔣光慈、阿英、孟超、楊邨人、林伯修、洪靈菲、戴平萬、劉一夢、顧仲起、樓適夷、殷夫、馮憲章、迅雷、祝秀俠等，他們大多數人都是中共黨員。在蔣光慈看來，這是一幫志同道合的朋友，他們熱情高漲，積極籌備辦雜誌，辦出版社，開書店，印刷小冊子……在很短的時間內，太陽社就成為在中國現代文壇產生過轟動效應的一個文學社團。

　　按照蔣光慈的計畫，太陽社在籌備成立之初，就千方百計在尋找中共中央領袖人物的支持。他的目標是瞿秋白，成立太陽社前，蔣光慈多次向瞿秋白彙報，徵求意見，召開成立大會時，還特別邀請瞿秋白參加。但是瞿秋白對於成立太陽社始終沒有給出明確答覆。換句話說，這個文學社團並沒有得到中共高層的任何支持，不僅如此，太陽社與中共中央的關係也不融洽。事實上，當時中共中央對文學的態度是冷漠的，甚至可以說極端反對。以羅亦農、卜士奇、彭述之為首的莫斯科東方大學支部領導人認為，中國留學生要將自身培養成職業革命家，任何想進行文學活

動的念頭都是錯誤的，絕不會被組織認可。

著名文學評論家夏濟安先生曾經寫了篇3萬多字長文〈蔣光慈現象〉，文中寫道：經過五四運動洗禮後的時代，舊文學已被宣告死亡，新文學尚未誕生——誰會成為偉大時代的但丁或喬叟呢？很多人為時代出現的這一良機興奮不已，但是讓他們失望的是，新時代的但丁、喬叟始終沒有出現，反而出現了一批失敗的作家。夏濟安先生認為，蔣光慈堪稱失敗作家中的一個代表人物。「蔣的自負往往會達到令人無法忍受的程度」，他志向遠大，野心勃勃，希望自己能夠成為拜倫、普希金、陀斯妥耶夫斯基那樣的大作家，一生經歷搖曳生姿，為後人羨慕，身後留下如山的不朽著作，讓世世代代的中國人引以為傲。

蔣光慈有這樣的文學野心並不算錯，錯就錯在他總是想證明自己是一名偉大的作家，卻沒有去做多少實際上的努力。有句話說得好：當才華撐不起你的野心時，那就應該靜下心來學習；當能力駕馭不了遠大目標時，那就應該潛到生活中去歷練。反觀蔣光慈，他並不是這樣。

在多種場合，蔣光慈都宣稱自己是浪漫主義作家。然而他的浪漫主義往往會受到猛烈的抨擊——相比於同一時期的浪漫主義作家郭沫若、郁達夫來說，蔣光慈無端受到的抨擊要多得多。那些抨擊有的來自作家陣營，更多的來自黨組織內部。為了證明自己屬於「浪漫主義」，他必須過「浪漫」的生活，選擇宋若瑜作愛人，就是堅持這種「浪漫」的一個形式。他的「浪漫」聞名遐邇，引人注目，既滿足了他的虛榮心，也成為他在世界上的生活方式。

長此以往，蔣光慈變成了浪漫主義最熱烈的鼓吹者，最荒唐可笑的典型人物。每當浪漫主義成為話題，蔣光慈便放言高論：

「我自己便是浪漫派，凡是革命家也都是浪漫派，不浪漫誰個來革命呢？」可是對於一個作家來說，最有說服力的應該是他的作品，而並非是他所高舉的旗幟和標榜的宣言。說到寫作，蔣光慈的創作能力並不出眾，應該屬於平庸之列。陳獨秀讀了他的小說《少年漂泊者》，連連搖頭，說道：「雖然是大熱天，我的汗毛都要豎起了。」連好友瞿秋白也對他的創作不看好，感歎道：「這個人太沒有天才。」

評論家夏濟安先生在〈蔣光慈現象〉一文中說得更直白：「如果不是20世紀，像他這樣庸劣的人才在中國歷史上任何時期都絕不可能以寫作出名。新文學運動讓他的青春活力得以發洩，從而忘其所以，過高地抬舉自己的『自然流露』。1920年代初期，中國作家注重個人言行而無視於作品技巧。這種態度在想要斷然揚棄舊文學的那些人看起來是很自然的，他們指責舊文學壓抑個性，徒事雕砌。蔣光慈是這種新人之一。他炫耀自己的個性，對文章作法則愛理不理，只知道作家應當開朗。然而儘管認真熱切，儘管勤於著述，他唯一的成就是，使五四運動的文學信條淪為荒唐可笑。」

夏濟安說，蔣光慈是個淺陋無味的作家，顯而易見的是，他不可能寫出任何一本中國傑作。他的文字粗糙，想像力貧乏，不願意在技巧上鑽研，將作家這個角色降低到宣傳家的水準。他的特色不外乎是熱情洋溢——這在他那一代青年中可以說是司空見慣的。「五四」運動以後，那些富有反叛精神的青年們，當他們挺身而出與社會進行鬥爭時，發現自己的力量太過單薄，便期望社會中的一個階級同自己一起作戰，那個階級往往被神話，他們宣稱：自己是和整個無產階級站在一起的。

蔣光慈反覆聲明：自己不是象牙塔中漫吟低唱的詩人，只

是一個粗暴的抱不平的歌者。他在《少年漂泊者》一書的〈自序〉中寫道：要做粗暴的叫喊！其中「粗暴」二字按照蔣光慈的解釋是「粗獷」的意思，可是一般評論家卻傾向於認為，蔣的「粗暴」即「粗糙」的同義詞。以他在太陽社成立前後完成的中篇小說《短褲黨》為例，這是一部最早正面描寫中國工人運動的作品，及時反映了上海工人為回應國民革命軍北伐而舉行三次武裝起義的情景，塑造了共產黨領導人楊直夫（瞿秋白）、史兆炎（趙世炎）的形象。但是這部作品結構散漫，近似報告文學，作家「為一股熱情所鼓動」，僅用了半個月便完成了急就章，連他自己也在〈自序〉中承認：這部作品免不了會給人留下粗糙之譏。

　　蔣光慈悲劇的意義還不僅僅在於此。為了躲避作品粗糙之嫌，在藝術技巧方面他也嘗試作過努力。20年代後期，他曾有意模仿過俄國作家陀斯妥耶夫斯基的心理描寫，但是探索的腳步沒有走多遠，很快又退回了原地。他反覆在心裡自問：這是健康的傾向呢？還是病的傾向呢？

　　另一方面，黨組織對他的文學之路從來都沒有報之以任何掌聲，反倒是叱責教訓之聲不絕於耳。尤其是他的《野祭》、《菊芬》、《麗莎的哀怨》、《衝出雲層的月亮》等小說發表後，左聯黨組指責他「完全從小資產階級的意識出發，出賣小說，每月收入甚豐，生活完全資產階級化」。蔣光慈的「革命加愛情」式作品贏得了市場，卻沒有贏得黨組織的理解，反而使他與黨組織的距離越來越遠——最後鬧到了退黨的地步。

回憶與欲望

　　1931年4月，蔣光慈的肺病加劇，留在上海家中靜養，他身

邊只有女傭陳媽。前不久，友人郁達夫在上海街頭見到了清瘦不堪的他，像風中發抖的一根蘆葦，說話老喘氣，「他告訴我，近來病得厲害，幾本好銷的書，又被政府禁止了，弄得生活都很艱難。他又說，近來對於一切，都感到了失望，覺得做人真是沒趣得很。我們在一家北四川路的咖啡館，坐著談著，竟談盡了一個下午。在為他說及了生活的艱難，所以我就為他介紹了中華書局的翻譯工作……」

蔣光慈並沒有去中華書局去做翻譯，他的一顆心像是被線牽到天上的風箏，隱隱在為妻子吳似鴻擔憂。吳似鴻也患了肺病，是蔣光慈傳染的；而蔣光慈的肺病是宋若瑜傳染的。那個年代，染上肺結核近乎於絕症。吳似鴻被送往杭州西湖去療養，蔣光慈則留在上海——他們的家庭經濟此時正遭受危機，無論如何也承擔不起兩個人同時去西湖療養的費用。

這一切都是從什麼時候開始的呢？蔣光慈孤獨地躺在病床上，安靜地想。

1929年春天，小說《麗莎的哀怨》出版後，災難也就接踵而來。以左聯為首的左翼文學陣營向他發起了猛烈進攻，羅織的罪名是同情白俄流亡者，誣衊十月革命等。蔣光慈為此感到十分鬱悶，到了這一年夏天，他東渡日本養病。蔣光慈患了兩種病：一種是肉體的，自宋若瑜病逝後，他染上了肺結核，已進入二期；另一種是思想病，他對《麗莎的哀怨》遭受的不公正待遇不服氣，好長一段時間，他自稱竟「連寫一個短篇小說的興趣都沒有了」。

接下來是那次具有轟動效應的「退黨事件」以及蔣被開除出黨。

蔣光慈退黨以及被開除黨籍，與當時複雜的社會政治背景關

係密切。很長一段時期，左傾冒險思想在黨內占上風，每逢節假日和紀念日，都要組織流行示威或飛行集會，上街貼標語、散傳單等等。蔣光慈對此沒有興趣，甚或反感。

有一次，左聯要開會，一時找不到會場，有人出主意到蔣光慈家中去開，因為蔣家房子面積大，白天只有他一個人在家。當阿英（錢杏邨）來商量時，被蔣光慈一口拒絕。蔣光慈說：「一個房子，本來可以寫作的，一開會，暴露了，寫作也搞不成了。」這個話並沒有錯，但是在當時的政治背景下，等於是不願意為組織作犧牲，很難得到組織的寬恕。終於有一天，蔣光慈得到通知，要他停止寫作，轉到基層去做群眾工作。蔣光慈接到通知後暴跳如雷，憤憤不平地對妻子吳似鴻說：「黨組織說我的寫作不算工作，要我到南京路上去暴動才算工作，這不明擺著是要我去送死嗎？」

他感到了一種深刻的悲哀。經過一番痛苦的抉擇後，蔣光慈寫了退黨申請書，請好友阿英（錢杏邨）轉交給黨組織。按照黨章規定，是允許黨員退黨的，但是蔣光慈頂撞式的做法，當時的黨組織壓根無法接受，他們認為蔣光慈此舉是在向黨挑戰，黨只有一種選擇：將蔣光慈開除出黨。

1930年10月20日，中共中央機關報《紅旗日報》第3版公布了一則消息：〈沒落的小資產階級蔣光慈被共產黨開除黨籍〉，文中寫道：

他因出賣小說，每月收入甚豐，生活完全是資產階級化的。對於工農群眾的生活，因未接近，絲毫不瞭解。他又並沒有文學天才，手法實在拙劣。政治觀念更多不正確，靠了幾句俄文，便東抄西襲，裝出一個飽學的樣子。而實際他所寫的小說，非常浮泛空洞，無實際意義。其動搖萎縮，絕非偶然的事。他雖然仍假

名做「革命群眾一分子」，這完全是一種無恥的詭辯解嘲，他已經是成了一個沒落的小資產階級，顯然已流入反革命的道路上去了。

這則消息刊出後，讓不少人感到錯愕和疑惑。

據友人郁達夫回憶，蔣光慈彌留之際的情景無比淒涼：「光慈之死，精神上所受的打擊，要比身體上的打擊更足以致命。他引以為最大恨事的，就是一般從事於文藝工作的同代者，都不能對他有相當的尊敬，而且時常還有鄙薄的情勢。另外黨和他的分裂，也是一件使他遺恨無窮的大事。到了病篤的時候，偶一談及，他還是長吁短嘆，訴說大家不瞭解他。」

妻子吳似鴻回憶說，生命最後的日子蔣光慈極其痛苦，他用手抓住汽水瓶，想砸自己的頭顱自殺。可是身體太虛弱了，「人瘦得只剩下一張皮，臉如紙白，沒有一絲活氣，只有兩隻眼睛不時地眨動。」妻子伸出手臂去扶他，發現他早已淚流滿面，泣不成聲：「這個世界上，為什麼沒有一個人理解我……」

吳似鴻嚶嚶哭了起來，她看著病床上彌留之際的蔣光慈，隱約聽見了靈魂撕裂的破裂聲。

王韜：生鏽的破冰船

王韜（1828─1897），初名王利賓，字蘭瀛，出生於江蘇吳縣的一個私塾教師家中。18歲縣考第一，改名為王瀚，字懶今，字紫詮、蘭卿，號仲弢、天南遁叟、甫裡逸民、淞北逸民、歐西富公、弢園老民、蘅華館主、玉鮑生、尊聞閣王，外號「長毛狀元」。

幼年時，夏夜納涼，王韜望著遙遠的星空，聽著母親講述的故事，常常為民族英雄的事蹟失聲痛哭，在他幼小的心靈中漸漸萌發出愛國主義思想和為民做官的願望。稍大，父親就教他背誦四書五經，學做八股文、詩詞、箋箚。此外，經史子集，旁涉博及。

1846年，王韜赴南京參加鄉試，結果未中。通過這次考試，王韜對科舉制開始產生懷疑，他決心致力於經史，扎扎實實做些於國於民有利的事。次年，王韜到上海去探望教書的父親，當時的上海，作為新開闢的通商口岸，迅速成為國內外貿易的中心，出現了畸形的繁榮。上海之行，使得僻居於小鎮的王韜受到了強烈的震撼。他大開眼界，對西方科技、文化和傳教士有了一點點感性知識，價值觀念開始發生變化。

1862年10月11日後，王韜抵達香港，來到英華書院任職。王韜到達香港後，看到原本是蕞爾小島的香港如今已繁華富麗。1867年12月15日，王韜毅然跨出國門，去歐洲考察，直接接受西學的薰陶，這成為他一生中的一個重要轉捩點，邁出了中國人走向世界的重要一步。

王韜一路坐船經新加坡、檳榔嶼、蘇門答臘、馬來西亞、錫

蘭，入紅海天丁灣至開羅，從蘇伊士運河進入地中海，到達義大利墨西拿，然後到達法國馬賽，登岸抵達巴黎，遊覽法國後遂由巴黎至海口加萊，從那裡渡英吉利海峽，經英國多佛爾，改乘火車到達倫敦，後隨理雅各到其家鄉蘇格蘭北境克拉克曼郡亨達利鎮之杜拉村。王韜在英國譯書、遊歷的時間達兩年多。途中王韜每到一地，和登岸考察當地的民俗風情，將自己所見所聞感記載於他的《漫遊隨錄》一書中。

　　此後，王韜一直在香港辦報，直到晚年，才乘船返回到上海，終老滬上。

世界的秩序

　　那一天和往常任何一天沒有什麼不同。如果說有不同，就是錦溪教館的青年塾師王韜先生發火了。王韜穿一襲藍色長袍，頭戴紫緞瓜皮帽，手拿光滑發亮的烏木戒尺往桌案上啪啪敲打，迭聲嘟囔：妖孽，妖孽！教館裡只有三個少年，大氣也不敢出，縮頭悶聲坐在板凳上，面面相覷。他們實在不明白，向來脾氣好的王韜先生今天為什麼發如此大的火？

　　江南四月，鶯飛草長，春光明媚——恍若一場恣意的狂歡。這裡是如詩似畫的錦溪古鎮。夾岸桃李紛披，滿溪水波蕩漾，金色波紋像是躍出水面的一尾尾金鯉魚。沈從文將錦溪景致比喻為「睡夢中的少女」。在這個熟睡少女的身旁，一代代風流文人踏歌而行，那些寫意的身影有沈周、文徵明、祝允明、唐伯虎……如今，18歲的年輕塾師王韜先生也將成為他們中間的一員。

　　去年秋天在南京府參加八股科舉考試失利的情景還歷歷在目。墨義，帖經，策問，詩賦，本來應該是詩意盎然的學問，卻變成了莘莘學子的道道鬼門關。王韜是個自尊心極強而又情緒敏

感的青年，科舉考試失利後，表面上他談笑風生，甚至還去過幾回青樓，用放浪形骸來表示他並不在乎。然而深入骨髓的疼痛日夜灼燙著受傷的心。夜深人靜時，他披衣而坐，聽窗外石階上露水滴答聲，每一聲細碎的敲打都那麼驚心。史料上說他經歷了南京府考試後視科舉如蛇蠍，見到書籍和筆墨紙硯就心驚肉顫。一連好多天神志恍惚，似病似醉，走起路來像踩在一堆輕飄飄的棉花上。

　　家裡人說，這孩子魂丟了。母親請來鎮上的蔣巫婆，殺公雞為他召魂。看著他形單影隻的模樣，又出主意成親沖喜。新娶的妻子叫楊夢衡，是舉人楊儁之的女兒。蜜月中，王韜臉上開始有笑容了，心底裡的挫敗感在慢慢往下沉。

　　為了養家，父親王昌桂到上海設館授徒，留下錦溪教館的塾師空缺由18歲的兒子王韜頂替。王韜蟄居錦溪，一邊教那三個少年，一邊讀書寫作。眼前優美的景致，滿臉稚氣的少年，都成了王韜療傷的上佳藥方。黃昏到溪邊濯足，望著天邊燒得通紅的晚霞，無盡的思緒猶如層層雲浪奔湧過來。

　　擺在王韜面前的有這麼幾條路：一是窮經皓首，鑽研八股文和四書五經，不斷考下去一直考到頭髮花白；一是走李自成、洪秀全的路子扯旗造反，當不了皇帝就淪為草寇，占山為王；一是遁跡山林，對酒當歌，做一個閒雲野鶴的逍遙隱士；一是像父親那樣教讀鄉間，詩酒自娛，過與世無爭的清靜日子。

　　科舉功名本來是身外之物，科舉失敗的士子並非只有絕路一條。18歲是一個人由青澀少年向成熟男人轉變的關鍵一年，王韜朦朦朧朧有點明白了，世界是有秩序的，等級與階層猶如身體上的胎記，誰也躲不過，想不認還不行。世界的秩序彷彿是河床上那些大小不一形狀各異的石頭，經過河水磨礪以及歲月風蝕，粗

糙變得渾圓，鋒利變得光滑。各安其位，各司其職，此刻在王韜看來，河床上那些均勻分布的石頭變成了一架龐大的社會機器，每個齒輪、連杆與螺絲釘都咬合得天衣無縫。中國人的生存智慧在這架社會機器中表現得淋漓盡致。

可是——猶如伸手抓到了一粒火炭，鑽心的疼痛感幾乎讓他窒息。幾天前，王韜收到了好友楊鶴年從上海寄來的一封信，告知他在上海洋行做事，頗得英國大班賞識，已由學徒升為副買辦。「買辦」的英文是「Comprador」，漢語譯音「康擺渡」，上海人便拿這個謔稱來稱呼所有的洋買辦們。「康擺渡」形象而傳神，準確地道出了那些人在東西方交往中所取到的「擺渡」作用。

然而，對於此時的王韜來說，「康擺渡」就是一柄朝他刺來的利劍（鋒刃上還抹了毒藥！）聽到這幾個字，他如同五雷轟頂般激憤。當天晚上寫了回信，勸友人以名節為重，早日辭職返鄉。他在信中寫道：夷人自通商議款以來，包藏禍心，居心巨測，你這隻棲息在兇險宅第屋簷下的小燕子，有什麼好得意的？君子立節操，不說有多高尚，但一定要棄絕塵俗，處身之道不可不謹慎。古往今來賢者失身的事不少了，沒想到如今你也忝列其中，我接到來信那天正和幾個朋友喝酒，當時便抓起桌子上的酒壺摔了個粉碎……

王韜性情豪放，小酒館裡讓人大驚失色的一幕還歷歷在目。那天下午王韜真的喝多了，酒壺破碎的聲音像金色的瀑布飛濺，隨即滿屋酒香飄來，王韜彷彿是飄逸在霧中的半人半仙，他把那封信撕成碎片拋撒在空中，紙屑散落地上，和酒壺的碎瓷片混雜在一起。然後他搖搖晃晃地走過去，拾起一塊瓷片，往左臂上狠狠一劃，血像一朵梅花安靜地綻開了。

　　絕交，我要和他絕交！王韜喋喋不休，喃喃自語，他像是迷失在錦溪景致中的一個遊魂，鼻子靈驗的人幾乎能聞到他靈魂燒灼的味道。教館裡的三個少年學生被他嚇壞了，他們不知道塾師為什麼發火，更不知道遠在上海灘的西洋人與他們的生活有什麼關係。

　　第二天，他步行十幾里，專程到楊鶴年老家去興師問罪。楊父是個老實巴交的農民，背有些駝了，忙不迭地倒茶遞煙，卻被王韜不講情面地擋回去了。聽王韜說了來由，楊父連連作揖，腦殼像雞啄米似的，滿臉愧疚的神情，嘴裡咕噥著用蘇州土話罵兒子：小逼樣子，不曉得哪根神經發寒熱，小兔崽子昏頭哉！王韜的倨傲和狂放不羈並沒有結束，他以強硬口氣限令楊父速去上海，七天內領回當洋奴的不肖子。王韜丟下這話之後，以勝利者的姿態揚長而去。

　　輕狂放蕩，恃才傲物，是王韜這一時期生活的常態。他並沒有覺得那天自己的行為有什麼不妥。18歲時，在王韜的心中，神話與傳說，虛構與真實，象徵與思辨……許多蕪雜的事物交織在一起。他固執地信奉以中國為中心的天朝世界秩序，並認為是惟一的終極真理。無論是書本上還是傳統生活中，中國士子從來都是以道德優勢的口吻高談闊論，他們說天是圓的，地是方的，中國是內，是大和高；蠻夷是外，是小和矮。中國位居世界中央，統攝八方，西洋國則是遍地生長怪物的怪誕世界，西方有種羊羔是從泥土裡生長出來的，臍帶連著土壤，見到人便發出陰森發瘮的怪笑聲。

　　以中國為中心的天朝世界秩序，是長時期以來皇帝以及士子們從多個角度建立起來的一個龐大的神話體系。這個神話的事實依據為零，卻被供奉為終極真理，受到龍的子孫們的青睞和依

傍。王韜不是第一個，也不是最後一個。直到若干年後，命運遭遇了巨變，人生宕落沉降，他才明白自己18歲時的那次暴跳如雷是在充當舊秩序的衛道士。

上海教堂

1848年，農曆正月初二，王韜到了上海，這是他一生中頭一次出遠門。

去年臘月，雪花紛飛，全家人都盼望在上海教書的父親回家過年。但是父親沒有回蘇州甪角鎮，而是托人捎來消息，說他病了，躺在床上發高燒。王家人分外著急，組成了親友團赴滬上省親。

行船一入黃浦，王韜頓時覺得眼前一亮，他在政論性紀遊散文代表作《漫遊隨錄》中寫道：從舟中遙望，煙水蒼茫，帆檣紛亂。浦濱一帶，到處都是西洋人的房舍，樓閣突兀，漂渺雲外，飛梁畫棟，碧檻珠簾，看上去像一幅精緻的西洋畫。畫中有人，呼之欲出；然幾如海市蜃樓，可望而不可及也。

傍晚，幾個人邀約了到大馬路（今南京路）去逛街，電車、洋房、汽車、雪茄、香水、化妝品、高跟鞋等現代都市物質文明的象徵性物品一一闖入眼簾，讓他倒吸了一口冷氣。不知什麼地方有人在吹奏薩克斯，靡醉而憂傷的曲調讓他鼻子酸酸的。對面街頭的霓虹燈閃爍變幻，紅的街，綠的街，紫的街，恍若參加了一場街道的化裝舞會，青年王韜身不由己地被捲入到中西文化衝撞與融合的漩渦中，開始了世界觀的最初轉變。

王韜還參觀了英國傳教士麥都思所主持的墨海書館，彷彿忽然打開了西洋鏡，許多新奇事物讓他大感驚豔。步入書館，竹籬花架，菊圃蘭畦，頗有野外風趣。入室中，書卷插架，木雕古

玩，滿目琳琅。坐定後，主人即以水晶杯注葡萄酒，殷勤相勸。又叫來綠衣女子彈琴，曲調纏綿，清幽悅耳。後由主人麥都思帶領參觀印書館，屋宇窗戶全部安了玻璃，光明透亮，儼然一水晶世界！書版為泥胎活字鉛版，鐵製印書車床長一丈數尺，寬三尺許，以兩名工人司理。車床用一頭牛拉拽，旁邊有兩個碩大的齒輪，以皮條為徑，傳動帶穿過牆縫延伸到另一室，用以遞紙，每轉動一次，兩面皆印，其簡而速，一日可印四萬餘紙。工人們在水晶世界中幹活，是一幅寫意的畫卷，車軸旋轉如飛，龐大機器如此迅捷而靈巧，令人匪夷所思。

──西方資本主義文明的蓬勃生機就這樣在他面前展開了。

墨海書館是上海最早的一個現代出版社。創辦人麥都思，是對近代上海有著深刻影響的一個人物。麥都思的一生具有傳奇色彩。1796年生於英國倫敦一小酒館商人之家，幼年進入聖保羅教堂讀書，14歲到格林塞斯一家印刷廠當學徒，不久受洗禮，成為基督教徒。倫敦基督教會決定在麻六甲設立印刷所時，麥都思申請前往，獲批准，從此開始了他漫長而卓有成效的對華人的傳教生活。傳教活動之餘，他一邊學習中文，一邊鑽研印刷業務，後來又先後赴南洋的巴達維亞、新加坡等地傳教、辦印刷所。1843年，47歲的麥都思來到上海，第一件大事就是創辦了墨海書館。

王韜對麥都思有著良好的印象，在給朋友的書信中，王韜坦誠表示麥都思是他認識的最為真摯熱情的西方人，是像他父親一樣和藹可親的長者。儘管如此，王韜與麥都思的最初接觸還是發生了一點小小的不愉快。

那次參觀後，麥都思邀請王韜來墨海書館工作，被王韜毫不客氣地一口回絕了，態度傲慢，甚至帶有挑釁意味。王韜說，一介書生，自由自在慣了，還是回家鄉去做閒雲野鶴，不想當洋

奴遭人辱罵。王韜說完眼睛直勾勾地盯著麥都思，眼神中散發著攝人的光芒。麥都思略微怔了片刻，年輕氣盛的王韜眼中鋒芒畢露，麥都思似乎被迷住了。他謙卑地點頭，微笑著說：孩子，去吧，迷途的羔羊，上帝之門永遠為你敞開，我相信，有一雙手將來終會領引你到來。

　　麥都思的話變成了現實。王韜回到了老家蘇州甪角鎮，麥都思三番五次差遣信使前來邀請他，都遭到了拒絕。1849年6月，王家發生了一件大事，父親王昌桂因病去世了，家庭生活的經濟來源頓告斷絕。那一年是大災之年，江南暴雨連綿，一個個村莊都被大水包圍了，米價暴漲，此時需要有人挑起全家人生活的擔子。恰好麥都司派遣的信使第四次乘船來到了甪角鎮，在那名信使的苦口勸說下，王韜想想也無其他出路，半推半就地答應了，收拾起行裝，告別了家人，搭乘小火輪來到上海。

　　王韜的工作是給麥都思當中文助手。初至上海，王韜住在滬北門外吳淞江邊一間破敗的小屋裡。屋後是一片墳地，悽愴荒涼，僅能容身。窗戶用苞米杆遮擋，門上掛著塊破布簾子，冬天北風號叫，窗戶上的苞米杆被吹走，像是一群飛翔的鳥兒。在這樣的環境裡過日子，王韜覺得如同一個囚徒，了無情趣。他在日記本中留下了大量的怨憤之詞，抱怨時運不濟，歎息賤如犬馬，懷念往日無拘無束悠然自得的自由生活。他在各種場合百般抱怨，在寫給故鄉友人的多封信函中，也經常把自己與洋人合作的經歷寫得苦不堪言，他表白自己家庭生活陷入困境，不得已而之，內心實有苦衷，為自己與洋人共事的「恥辱」行為進行辯解；同時對自己的傭書工作極力貶低，認為和小販沿街叫賣沒有什麼不同，是在浪費生命，書信中滿紙跳動著尖酸刻薄的詞句，甚至從西方人的飲食、語言、形體動作等方面對他們嘲諷醜化，

乃至惡毒的人身攻擊。

然而這只是王韜生活的一個表象。事實上，他在上海的生活並沒有信函中描述得那麼糟糕，王韜也一直沒有離開墨海書館。這一方面固然與豐厚的薪酬有關（歲得二百餘金，當時是一筆相當高的收入），更重要的是，有一扇門在他面前打開了，門外面的景致充滿了誘惑，他為之迷戀，他的精神世界找到了新的寄託和依傍。

在墨海書館，王韜每天的日常工作是幫助牧師麥都思修改、潤色譯著。麥都思有一個宏大的計畫，擬將聖經的《新約全書》和《舊約全書》翻譯成中國人喜聞樂見的文字，既要準確表達原意，又要通俗易懂，還要用詩一般純真樸實的語言。麥都思召集上海的傳教士組成一個編譯委員會開始從事翻譯工作。儘管麥都思滿腔熱情，可是翻譯出的文字並不能讓人滿意，詰牙聱口，生拼硬湊，這樣的宗教宣傳品不僅會使中國老百姓望而卻步，而且極有可能引起反感。王韜國學功底扎實，又寫得一手好文章，是為洋人們的翻譯文字潤色的絕佳人選。

那些日子，王韜每天都在教堂裡譯書。這是一座哥德式建築風格的上海教堂，白色牆面，五彩斑斕的窗戶，尖橄欖型的拱頂，瘦長的竹筍式的裝飾物，銀燭台上搖曳的燭光以及燭光投到牆上的影子，像飛來飛去的蝴蝶，它們擺脫了束縛，飛向天國。王韜和教堂裡的氣氛並不融洽。每天，他置身在教堂光怪陸離的光線中，像是個局外人。身穿圓領長衫的神父在祭台上講經佈道，一群少年在管風琴伴奏下唱讚美詩，嘹亮而又低沉的鐘聲向四周擴散蕩漾。這一切似乎都與他無關，王韜心裡裝著孔子、莊子、孟子、程朱理學、如來佛、觀世音、地藏菩薩……他覺得身邊的那些圖景多少有點滑稽的意味。

　　一位自始至終參加這一工作的倫敦傳教士米憐回憶當時的情形：我們每天集中討論，先讀一段聖經和祈禱文，然後逐字逐句地翻譯。每位傳教士都有發言和修改譯文的機會，以使譯文更盡人意。這樣的工作從上午10點一直延續到下午2點半。有幾位傳教士帶著能幹的土著漢文導師和工作助手。

　　王韜中文造詣深厚，他參與翻譯的宗教著作《新約全書》、《舊約全書》獲得了極高的評價，被英國聖經會採納為規範精譯本加以推廣，至1859年已再版11次。此後，這一譯本一直在中國廣泛流傳。

　　耐人尋味的是，在抱怨傭書生活的同時，王韜在給新結交的朋友們的信函中，卻又極力稱讚他所結識的基督教傳教士們的友好熱情，知識淵博。這些新結交的朋友包括數學家李善蘭、物理學家張福僖、文學家蔣敦福、管小異、翻譯家應雨耕、魏源之子魏彥、龔自珍之子龔孝拱等。他們有一個共同點：都是在洋人手下做事，對西方文化有比較深的瞭解。在這樣一批志同道合的朋友面前，王韜完全用不著掩飾自己，他摘下了面具，表現出了真實有趣的一面。

　　現在我們可以得出結論了。上海傭書時期，王韜的實際生活並不像他給故里親友們信函中描寫的那麼不堪。他在一些信函中猛烈抨擊西方文化也只是一個姿態，是為了自己更好的生活——畢竟當時在相當多的中國人心目中，淪落到為洋人做事是非常恥辱的。

　　經濟上有優厚的薪金作後盾，王韜在上海傭書時期的生活暢快愉悅。這一時期，他結交了許多中國一流的科學家、學者和文人，還與一批西方傳教士建立了深厚的友誼。他的家庭生活狀況也有所改觀，妻女接到了上海並購置了房屋，動盪的日子安定下

來。在生活方式上也漸漸西化，由原來的不吃牛肉到每天必吃牛肉，還經常去參加賽馬比賽，耶誕節也成了他最喜愛的一個節日。

安逸的生活使得他身體漸漸發胖。走在街上，經常有一群孩童追在他身後唱打油詩：吳門王胖，才能無雙。南人北相，跟屁西洋……看著陽光下滿臉稚氣的那些孩童，他無奈地搖頭苦笑，內心裡泛起一陣酸澀。現在的他已逐步擺脫了中國文人盲目自大的心態，不再認為西方人是一群沒有文化的野獸。西方人和中國人一樣也有自身的優點和缺點。

他想，總有一天，上海這樣的大都市將產生一種中西方結合的全新文化，中國人可以絲毫不喪失尊嚴感地與外國人在一起密切相處。但是在他所生活的19世紀50年代，這樣的想法只能是奢望。

政治避難

如果不是命運的宕蕩，王韜也許將會在這種安逸的環境中隨波逐流，白天在教堂裡翻譯著作，夜晚醇酒美人，通過放浪形骸來釋放內心裡的苦悶。他的生命會在中西方文化的交流與衝撞中一點點沉淪，失去激情和鋒芒。

或許是時代發出了神祕的召喚？

1862年5月，有一件事改變了他的命運。

這是一件頗費猜測的事。清軍攻佔了太平軍佔據的一個營堡──上海近郊王家寺，士兵們搜繳了一批戰利品，其中有封信引起了江蘇巡撫薛煥的注意。寫信的人署名黃畹，內容是為太平軍進攻上海出謀劃策，寫信人站在戰略高度建議太平軍與洋人暫時保持友好的關係，至少要保證洋人中立，這樣才能將兵力從東線

轉移到西線，擊潰曾國藩的湘軍，佔領全國。這封信是寫給太平軍將領劉肇鈞的，希望劉肇鈞能將此信轉呈給忠王李秀成。然而劉肇鈞收到這封信後並沒有當回事，拆都沒拆隨手丟在了一邊。清軍打掃戰場時撿到了這封神祕的信，通過層層上達到了高層，同治皇帝閱後大驚失色，降下諭旨令曾國藩、李鴻章、薛煥等迅速查拿，不得漏網。

通過一系列刑偵密查，官方迅速得出結論：這個署名黃畹的人，正是墨海書館裡的王韜。按太平天國避諱制度，王是諱字，所有姓王的人全部改成黃姓或汪姓，是其一；畹，泛指花圃苗地，暗合他的名字「蘭卿」，是其二；信末鈐有「蘇福省黃畹蘭卿」印信，而王韜正是蘇福省人，是其三；寫信人文筆風格與王韜相近，是其四；更重要的是其五：信中的筆跡與王韜極相似。

這時候王韜正在老家蘇州甪角鎮探親休假。通緝他的消息傳來，風聲鶴唳。王韜趕緊化裝出逃，深藏匿於鄉間，官方一時無從捉拿。墨海書館新上任的主持人慕維廉得知此事後十分關注，擔心王韜貿然回滬落網，急匆匆趕往上海府，向道台大人吳煦詢問黃畹所犯何事？吳煦扼要講了案情。慕維廉說，一個是黃畹，一個是王韜，二者並非是同一人。吳煦說，無論如何，先得讓嫌疑人到案，這事方能說得清楚。慕維廉說，人到案沒有問題，道台大人必須保證他的人身安全。吳煦說，盡可放心，無甚妨礙。慕維廉略一沉思，又說，口說無憑，務請立下筆據。吳煦當時拿出一張名片，在名片背後寫下了一行字：蘭卿如肯來我處，定當妥為安置。慕維廉拿了這張承諾的名片，這才稍微安心地走了。

再說藏匿在老家的王韜這一天忽然接到了一封信。拆開一看，是英國傳教士慕維廉寫來的，密囑他可回上海，道台處已辦好交涉，確保性命無憂。接到信後，王韜悄悄潛回上海，在一片

暮色中溜進了墨海書館。

剛一坐定，正與傳教士慕維廉交談了幾句，外面忽然響起一陣雜亂的聲響，只聽見腳步聲、口令聲、警哨聲以及拉槍栓的聲音交織成一片，悽惶緊張的氣氛頓時像烏雲一樣密密層層地壓了過來。王韜走到窗子跟前，透過縫隙往外看，書館四周布滿了清朝的士兵。慕維廉這時也走到了王韜身旁，這個高個子的英國牧師氣得全身發抖，攥緊了拳頭，雙臂向天空中伸展著，大聲吼道：言而無信！卑鄙！卑鄙！憤怒的眼神中，彷彿跳蕩著燃燒的火苗。

上海道台吳煦帶著一群清軍士兵要前來捉拿王韜，這事激怒了英國人慕維廉。他認為吳煦「失信無恥」，明明答應不抓人，卻忽然帶兵到來。倉促之下，慕維廉急忙將王韜送至上海英國領事館，進行政治避難。

此後很長一段時間，王韜成了清政府與洋人談判爭奪的一個焦點人物。同治皇帝得知王韜逃避到英國領事館後非常惱火，多次要求引渡，均被英方拒絕。清政府害怕得罪洋人，不敢強闖領事館，在車站、碼頭等處密設暗探，布下一張天羅地網，防止王韜逃出上海。王韜在英國領事館中住了四個多月，終於在洋人的掩護下，化裝搭乘怡和洋行的一條郵輪駛往香港。

流亡者

1862年秋天，王韜的心情像是漫天飄零的落葉，孤寂，憂傷，在涼風中蕭瑟發抖。10月5日，他搭乘「魯納」號海輪從黃浦江啟程，駛向水天一色的遠方。傳統的中國士大夫要到異邦去生活了，自己未來的精神家園在哪裡？天空陰沉沉的，彷彿是送葬儀式上的裹屍布。眺望大海，王韜找不到答案。

　　流亡者王韜到達的第一站是香港。作家董橋在〈王韜的心情〉一文中說：1862年他初來香港時，白天常常思鄉，夜裡沒事便寫家書，「隔牆總有曳胡琴唱歌者，響可遏雲。」但是那些異邦的音樂，他聽起來心裡只覺得悲苦，忍不住的眼淚順著臉頰默默地流下來。

　　初到香港的那幾年王韜在英華書院工作，主要是幫助英國傳教士理雅各翻譯儒學巨著《四書》、《五經》等。王韜從小學經，他對五經詳加研究，每譯一經前，必事先廣輯博集，收錄歷代各家之說，加以自己研究的心得作參考，譯出的書籍很受理雅各喜愛，也被讀者廣為讚揚。

　　王韜居住香港後，思想觀念發生了較大變化。他成了清政府通輯追捕的叛逃者，仕途已絕，前景渺茫。靈魂深處的絕地反擊，使這個人必須為自己尋找新的精神資源。就像被逼得走投無路的溪水，只有從山澗中勇敢地躍騰而出，才有可能找到一條生路。到香港後，王韜親眼見到了殖民化社會的各種先進之處，感歎良多，在給朋友的一封信中他寫道：這裡原來不過是中國海濱的一塊棄地，雜草叢生，亂石遍地，盜所藪，獸所窟，數年間遂成為鬧市，「地之盛衰何常，在人為之耳。故觀其地之興，即知其政治之善。」

　　這樣的認識高度，在當時的士子中極為罕見。

　　促使王韜思想觀念發生更大變化的是另一件事。1867年，英華書院院長理雅各回蘇格蘭省親，因事短期內無法返港，到了12月，理雅各寫信邀請王韜到蘇格蘭去續譯《易經》、《春秋左氏傳》等中國古代經典著作。王韜久存漫遊各國之心，遂於12月15日動身前往蘇格蘭。王韜此次遊歷西歐，縱橫十萬里，歷經新加坡、蘇門答臘、馬來西亞、錫蘭、埃及、義大利、法國等十數

國，並且在英國居住了兩年多，這不僅是他個人一生中重要的轉捩點，也是中國士子走向世界的重要一步。欣平先生在《王韜評傳》中評介：王韜西行比郭嵩燾、劉鴻錫的出使英國整整早了7年，他應該是「睜眼看世界的第一人」。

王韜去英國時隨船帶了一萬一千多卷中國典籍，也許是想用中國先聖的微言大義去開化西洋人吧？然而到了國外，面前的新奇事物讓他大開眼界。王韜在給朋友的信中說：「眼界頓開，幾若別一宇宙。」和當時中國的所有士子們一樣，先前王韜一直把西方文明當作「毒蛇猛獸」，是中國文明的敵對物。親眼觀察到西方文明之後，他開始以平等的姿態來看待東西方兩種不同的文明了。王韜在自己的著作《漫遊隨錄》中說：中國的道是「修身齊家治天下」的人道；西方的道是「上帝面前人人平等」的天道——但是由此發展而出的民主、自由的精神，仍然應歸結為人道。因此，中西文化本質上是「同而異」的，隨著將來的文化交流，東西方總有一天能達到「異而同」的大同境界。這樣的思想觀念，即便拿到今天的大學講壇上也並不落伍。據當時的英國報紙記載：王韜那次在牛津大學的講演十分成功。「一堂聽者，無不鼓掌蹈足，同聲稱讚，牆壁為震。」

士子的宿命

1870年元月5日，新年剛過，王韜和英國人理雅各乘坐海輪，開始了返回中國的漫長旅程。動身離開英國之前，王韜將他帶來的一萬一千多卷中國典籍悉數捐贈給了牛津大學和大英博物館。那年王韜41歲，人到中年，身體微微有些發福。啟程的日子是元月初，抵達香港時已是三月中旬了。

流亡在國外的時候，王韜患上了思鄉病。寂寞的日子，他便

專注於筆耕，創作了三部短篇故事集，風格類似於蒲松齡的《聊齋》。書一出版，竟然銷路極佳，他意外地成了當時最走紅的暢銷書作家，獲利甚豐。

顯然，王韜的志向並不在於此。返回香港後，王韜買下了理雅各英華書院的印刷設備，創辦了中華印務總局，開始從事出版事業。1874年1月5日，王韜創刊《循環日報》親自任主筆。這是我國最早的民辦報紙之一，內容大致分為新聞、雜文和廣告。在被稱作「自由港」的香港，王韜靠一支筆縱橫馳騁，議論時政，抨擊時弊，鼓吹變法，介紹西學，宣傳自己的政治主張，從而奠定了他作為中國早期維新思想家和報刊政論家的重要地位。

鍾叔河先生寫文章介紹王韜，說他是「曾經滄海，放眼全球。」近百年來，中國讀書人既受西洋學術科技的衝擊，深明民富國強的好處，卻因為政治制度一直沒有上軌道，書生意氣難為世用，若干士子往往會從正統文化的殿堂溜到邊廂或者後花園中去落拓不羈。鍾叔河說，滄海歸來的王韜，「已經由一個風流自賞的唐伯虎，變成了憂國憂時的魏默深」。

王韜之前，「達」在中國通常指升遷高官。自從王韜在香港創辦《循環日報》並擔任主筆之後，他的社會認同感顯著上升，社論和著述得到了越來越多人的喝彩，經常有官員主動上門來徵詢他的建議，他存在的意義說明不做高官也能做大事，這樣的「達」，以前在中國極為罕見。

董橋在〈王韜的心情〉一文中談論中國讀書人，認為讀書人的一生成熟過程不外乎四五個轉捩點。年輕時苦讀經書，兩耳不問窗外事；歲數稍長，不得不出外為稻糧謀；事業還不長根的時候，如浮萍般四處漂泊，追名逐利；人到中年，心事似酒，從喜愛花拳繡腿的文章轉為經世致用……

　　中國讀書人的宿命還在於，無論發達或者落魄，一輩子都少不了憂國憂民的情懷。一旦放棄了這個情懷，就不知道該如何去打理自己的日常生活了。

　　這個故事裡的王韜也不例外。1884年，經李鴻章默許，清政府對王韜免予刑事追究，他終於結束了23年的流亡生活，帶著家人回到上海淞北蟄居。這一年王韜56歲，已經逐漸走向寂寞而又淒婉的晚境了。

　　回到闊別23年的上海，王韜思緒翩躚，感慨萬端。他吸取了當年文字賈禍的教訓，更改名號為「淞北逸民」，從此安居滬地，不涉政治，與世無爭，為天地間之逸民。他在日記中寫道：「日惟掃地焚香，出門謝跡，仰屋覓句，閉戶讀書，不欲問世上事。」

　　日本友人岡千仞到上海來看他，看到的卻是另一個王韜。這時候的王韜已經開始吸食鴉片，他像一隻彎曲的大蝦，蜷縮在煙床一角，抱著一管煙槍迷迷糊糊入夢。已成白髮老叟的王韜，常常沉迷於綺麗春夢，隔三差五出沒於燈紅酒綠的歡場，邀朋喝友，召來林黛玉、李珊珊、王蕙娥等滬上名妓助飲。紅妝白髮，掩映婆娑，時人感歎云：「蓋極妙一幅富貴壽考圖。」

　　王韜載酒看花，放浪形骸，醉心於情色世界，在別人眼裡或許是樂趣，在他自己心裡卻是「苦趣」。

　　王韜晚年經常對朋友說的一句話是：「消極為積極，避世以用世。」這句話實際上暗藏著「苦趣」的玄機。有人推測，他當年狎妓冶遊的那些怪誕行為，是有意掩人耳目，以減少清廷對自己的懷疑和監視，免得再次遭受不測之禍。換句話說，王韜沉浸於情色世界，是因為他心中有難言之隱的苦悶。王韜曾撰過一聯：「西曲繁華無非元氣，東山妓女亦是蒼生。」能寫出這個聯

句，真不愧為既精通中國經典古籍，又知曉西洋生活方式的一個讀書人。如果換個角度來看王韜晚年時的孟浪，對他的「苦趣」之說也許會多一份理解。

　　1897年秋天，王韜病逝於上海淞北，時年69歲。他的墓地多年來不知所蹤，有的說在上海，有的說在蘇州，歲月殘酷，沙塵無情，連他的墓地也竟至湮沒無影了。在他曾經生活過的上海淞北，附近有個淺藍色的海灣，那裡靜靜地停泊著一艘生銹的破冰船，常會使人情不自禁地想起一個人。

蘇青：繁花落盡成一夢

　　蘇青（1914—1982），原名馮和議，字允莊，浙江寧波人。早年發表作品時曾署名馮和儀，後以蘇青為筆名，上世紀40年代，她是與張愛玲齊名的女作家。1933年，蘇青考入國立中央大學外文系，畢業後移居上海。代表作有長篇小說《結婚十年》，中篇小說《歧途佳人》，散文集《浣錦集》、《飲食男女》等。

　　在現代文學史上，蘇青是一位很特別的女作家。

　　蘇青的出身相當不錯，父親是美國哥倫比亞大學留學生，歸國後在銀行任職。母親是師範學校畢業生，當過小學教師，在當時也是新女性。但是蘇青從小在外婆家長到7歲，一直在山野中生活，自由自在，又在祖父母家備受寵愛了一年，8歲才去上海讀小學。她頗為聰敏，一進學校就連跳兩級，直接上三年級了。就快小學畢業時，她的父親先有外室，再投機失敗，憂急病故。母親帶著她回到寧波，進了縣立女子師範。不過這所學校頗為守舊，蘇青因為擅自把頭髮剪短而退學了。之後蘇青入讀寧波市的浙江省立第四中學，開始發表文藝作品。

　　大學一年級的時候，她就應母命結婚了，大二才開始，發現自己懷孕，只得退學。與丈夫到上海組織小家庭，經濟時常發生困難，為爭取經濟獨立，1935年，蘇青開始根據自己的人生經驗，投稿給《論語》，文筆酣暢，屢投屢中。之後丈夫出軌、失業，蘇青被迫賣文為生，走上了職業寫作之路。

　　蘇青一生困頓，只有於寫作一途極為順暢。初次投稿《論語》之後，作家徐訏介紹她認識陶亢德，為《宇宙風》寫了不少稿子。上海淪陷時期，她的文名漸傳於滬上。陳公博在《古今》

上讀了她的〈論離婚〉大為讚賞，托人打聽，認識了蘇青，從此兩人交上朋友。後來，蘇青的小說《結婚十年》單行本出版，在1949年前重版竟達36次之多，盜版更是不可計數。

雖然命運多舛，蘇青仍然筆下爽利，文字裡並不帶半點苦相。她的寫作不少取材於自身經歷，《結婚十年》、《續結婚十年》與張愛玲的《小團圓》相仿，雖是小說體裁，卻多可對號入座。尤其《續結婚十年》，筆頭坦率之至，連以胡蘭成為原型的「談維明」的床上對話都清楚寫出。散文更是寫實，無一不從生活經驗而來，貼切生動，所述如在眼前。蘇青的文章讀者眾多，十分暢銷，文筆又潑辣，對於身體細節向不忸怩回避，因此當年有人說她筆下帶黃，專門討好讀者，而現在的研究者則更重視她在女性寫作、都市寫作上的意義。

蘇青晚年的心情是寂寥的。她愛養花，讓花花草草在身邊陪伴，大約會平添一絲熱鬧的氣息。她與友人聊天，說只要看見人間草木還在開著花，自己能夠安靜地活著，心境就舒服。她在給友人王伊蔚的最後一封信中寫道：「這些花是我生命末期的伴侶。我並不悲觀，只是安心地等待上帝的召喚……」

1982年12月7日，農曆大雪。蘇青在醫院裡靜悄悄地走了。

亂世佳人

張愛玲說蘇青生錯了時代，原本該是一個盛世的人，卻生在了亂世。「鏡子上端的一盞燈，強烈的青綠的光正照在她臉上，下面襯著寬博的黑衣，背景也是影幢幢的，更顯明地看見她的臉，有一點慘白。她難得有這樣靜靜立著，端相她自己，雖然微笑著，因為從來沒這麼安靜，一靜下來就像有一種悲哀，那緊湊明倩的眉眼裡有一種橫了心的鋒棱，使我想到『亂世佳人』。」

（張愛玲：《我看蘇青》）

　　張愛玲看人總是能看透到骨子裡。她說蘇青「一靜下來就像有一種悲哀」，但是蘇青安靜的時候極少見，平素給人的印象偏生是風風火火。於是張愛玲又說蘇青像紅泥小火爐，雪花飄落的黃昏，幾乎所有的人都到她那兒取暖。

　　蘇青祖籍寧波，因為美貌和才情，年輕時在校園裡被稱「寧波皇后」。十三、四歲，她正在讀初中，一次與姑姑去看越劇《龍鳳配》，沒來由地喜歡上了戲中人物趙雲。粉面朱唇也罷，烏金寶刀般的兩道粗黑眉毛也罷，白緞盔甲背上插著的繡花三角旗也罷，都成了她心中的最愛。從此白天黑夜做起了趙雲夢，把一部《三國演義》翻來覆去地看，只揀有關趙雲的段落細讀。誰知造化弄人，那場趙雲夢沒做完就破碎了，有人迫不及待上門來提親，蘇母鮑雲仙不和女兒商量，滿口答應下來，雙方談成的條件是：先訂婚，等將來大學畢業後再結婚。

　　那個男生名叫李欽后，是蘇青小學和初中時的同窗。學校裡排演《羅密歐與茱麗葉》，李欽后扮羅密歐，蘇青扮茱麗葉，天造地設的一對妙人兒，引得無數人的羨慕。蘇青在心裡頭想，演戲是人間的事，談婚論嫁是雲朵上的事，二者相隔十萬八千里呢！無奈鮑雲仙一眼看中了那個未來的女婿，樂不可支頻點頭，臉上笑開了一朵花。若干年後，妹妹蘇紅評價這段婚姻時說了幾句大實話：清秀的姐姐是校園裡的一朵校花，穿連衣裙，半高跟鞋，吃巧克力，她身後有無數個追求者。姐夫李欽后家裡很有錢，父親是個暴發戶，家境要比我們家強許多。「說實在的，我母親看重的是財。」

　　——這也不能完全怨鮑雲仙。

　　蘇青本名姓馮，叫馮和儀，典出「鸞鳳和鳴，有鳳來儀。」

她的家境先前殷實富裕，祖父有幾千畝田，低調的蘇青從不跟人炫耀，勤勞精明的寧波人，時刻奉行「悶頭發大財」的生存法則。到了父親手上，這個家開始走下坡路。父親馮松雨，是庚子賠款獎學金選拔的留學生，哥倫比亞大學經濟系畢業。在蘇青少女時期的記憶裡，父親雖然受過洋風薰染，骨子裡仍舊是大少爺的作派，英俊瀟灑的他在上海民新銀行任副經理，在外頭花天酒地，不間斷地傳來花邊緋聞。傷透了心的母親索性不去管，靠著堅忍的性格，獨自要強地撐起了這個家。但是女人畢竟是女人，自從花心丈夫30多歲去世後，她家像是順水漂流的破木船，伴隨風吹雨打，船上木板一塊塊散去，眼看著就快要沉了。鮑雲仙不得不想出辦法逃生——不僅要管她自己，還要管她的幾個兒女。恰逢此時，寧波首富李家拋來了綠色橄欖枝，鮑雲仙實在沒有不去接橄欖枝的道理。

1933年秋天，蘇青高中畢業後考入南京中央大學，那年她19歲。未婚夫李欽后考入上海東吳大學讀法律系。

鵝蛋臉、細黛眉、丹鳳眼、高鼻樑、櫻桃嘴……步入青春期的蘇青身材苗條，步履輕盈，發育得更加楚楚動人了。她的皮膚健康黝黑，被同學們親切地稱作「黑美人」。如此曼妙動人的「寧波皇后」，自然成為好事者追求的對象，情書雪片般飛來，風雪彌漫中的尤物有點迷醉了。

風聲傳到李家，李家人心裡忐忑不安，擔心夜長夢多，婚姻有變，於是提出馬上結婚，等辦完婚事後繼續讀書。雖說蘇青心裡不願意，但是蘇母鮑雲仙極表贊同，力勸女兒回寧波結婚。1934年寒假，二人的婚禮如期舉行。後來蘇青在自傳體小說《結婚十年》中，真實地描寫了當時的情形：

新娘坐筵在正廳上首，兩張八仙桌並在一起，周圍圍著大紅緞盤錦花的桌裙，水鑽釘得滿天星似的，雖在強度的燈光下，也能夠閃閃發出光亮來。我換了套大紅繡花衫裙──那是舊式結婚的新娘禮服──頭上戴著珠冠，端然西南而坐。在我的面前擺著一副杯筷，四隻高腳玻璃盆，盆內盛著水果，一字排在當前。較遠的一張八仙桌上，整齊地放著珠五牲，燦爛奪目。桌前落地放著對大蠟台，鑄著福祿壽三星像，高度與我身長彷彿，上面燃著對金字花燭，發出它們熊熊的火光。桌上尚有兩對小台，有玻璃罩子，夜間也燃紅燭。正廳左右兩邊各擺四桌酒席，階前一排也有好幾桌，兩個大天井都用五彩滿天帳罩住了，也擺酒席，樓上也有。後來據他們統計，這晚共擺百多桌酒，到的賓客有一、二千人。

蜜月還未過完，蘇青便回到南京中央大學繼續她的學業。沒過多久，她便陷入到一場婚外戀情，對方是一個長得並不帥氣的男生。《結婚十年》中，蘇青專門寫了「兩棵紅櫻桃」的橋段，坦誠地交代了那段戀情。

兩個人在林蔭道上散步，在湖上划船，在長椅上聊天，男女間的戀情不經意中生長起來，像飄蕩在湖面上的薄霧，總有一種揮之不去的淡淡憂傷。新的學期開始後，女生發現了自己身體上的一些變化，她懷孕了，肚子悄然隆起，她一直沒有告訴那個男生說我已經結婚，幾次話到嘴邊又咽下了。難以啟齒的原因，是不忍，也是不捨。漸漸的，被男生察覺出來，臉上掛著一絲悲哀的笑，情緒陡然轉為消沉。女生有點黯然神傷，也有點釋然開懷。

分手的時候終於到了。最後一天，男生約她見面，隨身帶了一籃子紅櫻桃。他們去湖上划船，兩個人坐在一葉孤舟上，各想各的心事。靜謐的月夜，湖水亮晶晶的，在湖中央，他們瞧見了皎潔的月影，也瞧見了兩人雙雙並排坐著的影子。

我淒然說：「我真對不住你，其民。」

他只悄聲回答：「不，那是很好的事。」

「為什麼呢？」

「因為……因為我喜歡自由，希望這次畢業後能自由自在，到各處跑跑，我本不想同女人結婚的。——現在你去了，那是很好的事。」他幽幽地說，眼望著湖中的月影。

「但是我……我……」我不禁抽噎起來，心裡很難過，低頭盡瞧水裡的人影。

他替我拭去眼淚，一面伸手在籃中取出一枝僅有的櫻桃，像哄孩子似的把它塞到我手裡，說道：「別哭吧，吃呀！」

我搖搖頭，把櫻桃還給他。那是一枝三顆的溜溜紅的逗人憐愛的小櫻桃，上面兩粒差不多大小，另外一顆則看起來比較小一些，也生得低一些。他拿在手中瞧了一會，便把那顆生得小一些低一些的摘去了，捏在自己手中，說道：「我好比這顆多餘的櫻桃，應該摘去。現在只剩下兩顆了—— 一顆是你，一顆是你的他。」說著，又把櫻桃遞到我手裡。

月兒已經悄悄躲到雲幕中哭泣去了，我也不敢再看湖中的雙影，只慘然讓他扶上岸，送到了車站。一聲再會，火車如飛駛去，我的手中還不自主地捏著這兩顆櫻桃。

離婚

蘇青婚後不久即移情別戀，追溯原委卻是事出有因。

　　還在婚禮上，蘇青就發現新郎與他的一位親戚寡婦關係曖昧。那個風流寡婦穿一雙銀色高跟皮鞋，一襲銀色旗袍，她是李欽后外祖母的長孫媳婦，結婚後兩年，丈夫害癆病死去，年紀輕輕便守了寡。

　　新婚第二天，蘇青患了感冒。晚上，她支撐起身子從公婆那兒請安回洞房時，無意中聽到了丈夫與寡婦之間的對話。

　　「看你對我這樣，昨夜同著你的新娘，又不知怎的……呢！」

　　「昨天夜裡，我真的同她一點關係都沒有。好嫂子……」

　　黑夜中，那對男女吃吃地笑著，發亮的眼睛像是綠瑩瑩的幾粒鬼火。也難怪新娘蘇青聽了，當場氣得幾乎要昏過去。

　　這口氣，蘇青終歸還是忍了。雖然是受過高等教育的少奶奶，蘇青骨子裡仍然傳統，沒有擺脫「嫁雞隨雞，嫁狗隨狗」的舊式想法。最可恨的是她的肚子不爭氣，一連串生了四個女兒，而且有個女兒還夭折了。不能為李家延續香火，她受盡公婆和小姑的冷嘲熱諷。

　　那年夏天，蘇青回娘家省親，本來想從母親那兒聽幾句寬慰的話，然後撲在她懷裡痛快哭訴一番。誰知見面後，母女倆顯得生疏了。在母親表面客套的問話面前，她體味到的只有冷漠，只得將滿腹苦衷硬生生從喉嚨管逼回了肚子裡。

　　重新回到上海，守候在丈夫李欽后身邊，蘇青心裡塞滿了石頭一樣的枯寂。租住的房子狹窄擁擠，像個鴿子籠，連撲騰一下翅膀的空間都沒有。這倒還在其次。蘇青初來乍到，人地兩疏，只得成天待在家裡。而李欽后除了在一家學校代課外，多少天連人影都難見到，口口聲聲說是在外找工作，鬼才相信呢！

　　一個人賺錢，一家人花銷，經濟上的拮据與窘迫可想而知。每次當蘇青找丈夫要錢，他總免不了要以各種名目搪塞。有一

次，蘇青像往常一樣，向丈夫要錢補貼家用，不料竟挨了一耳光，跟上來的那句話太惡毒：「你也是知識分子，可以自己去賺錢啊！」

正是這一記耳光，把蘇青逼上了寫作之路。接下來是離婚、找工作、辦雜誌……蘇青被捲入到社會和時代的一個個漩渦中，她的人生像是一個萬花筒，只須俯身朝鏡子中一看，就能窺見無數令人目不暇接的魔幻般的場景。

畢竟張愛玲是懂她的。在評價好朋友的這段婚姻時，張愛玲說：「她的丈夫並不壞，不過是個少爺。如果一輩子在家裡做少爺、少奶奶，他們的關係是可以維持下去的。」蘇青的離婚與浪漫無關，她骨子裡並不是個浪漫的女人。她的離婚，如果認真說起來，一半是女孩子的負氣，一半是成年人的明達。

圍繞蘇青離婚事件的還有個小插曲，值得一敘。

蘇青住在上海辣斐德路時，有個鄰居也是海派作家，名字叫徐訏。徐訏的年輕太太趙璉，曾經是蘇青五姑母的學生，她們彼此間原本認識。蘇青剛搬來上海里弄那陣，閒居無事便練習寫作，經常到徐訏家去借書。有時候，大才子徐訏不在家，兩個女人聚在一處嘰嘰喳喳，難免編派各自丈夫的不是。趙璉是個美人胚，又挺會管家，是居家過日子類型的妻子。她向蘇青抱怨，人家都說徐訏渾身上下才子氣，其實是有所不知，那人還透著愚癡和酸腐。明明可以去大學當教授，或者去銀行工作，但他都不去，只顧寫他的小說。他追求的都是些海市蜃樓，虛無縹緲的東西，哪像你家先生那般務實。聽聽他是怎樣埋汰我的？他說我——你這個女人，就只知道錢！我就是窮，可你就知道要錢！——這真是笑話，不要錢，我們找丈夫幹嘛？

聽著美人兒趙璉絮叨，蘇青的心事早已飛到九天雲霄之外

了。大才子徐訏的理想主義與浪漫主義，使美人兒趙璉缺乏安全感。自己的丈夫李欽后，卻和徐訏截然相反，世俗得讓人厭惡。當蘇青終於忍不住也說了幾句丈夫的不是，趙璉忙不迭笑著搶白：「姐姐你命好，攤上那麼個好丈夫，還訴什麼苦呀，要不姐姐跟我換了？」趙璉的笑聲像空谷裡的足音，隔著歲月聽上去有幾分瘆人。

　　一句玩笑話，後來果真兌現。有一次，蘇青聽到丈夫說：「徐太太真是個會持家的女子，而且也肯安本分，只可惜徐先生一味書生氣，不懂珍惜。」自己的丈夫這般誇讚別人的女人，她明白婚姻快要走到盡頭了。眼看著李欽后與趙璉越來越親密地廝混在一起，發展到去舞廳跳舞，上旅館開房間，他終於搞大了那個美人兒的肚子。

　　這個插曲的結局是離婚。1942年，徐訏與趙璉離婚，徐訏去了重慶。於此前後，蘇青與李欽后分居，到1944年，他們正式離婚。徐訏離婚後出版了給他帶來巨大聲譽的小說《風蕭蕭》，以至於1943年被中國現代文壇稱作「徐訏年」。而蘇青離婚後創辦了雜誌《天地》，並從此走上了職業寫作之路。

飲食男女

　　蘇青一直很懷念少女時代，她說：「記得我初進大學的時候，穿著淡綠綢衫子，下繫同顏色的短裙，風吹過來，飄舞得像密密層層柳條兒起的浪，覺得全世界就只有我一個人耀眼：我像嬌豔的牡丹，而眾人便再好些也不過是綠葉，點綴或襯托一番罷了。但是現在呢？他，我的丈夫，卻不許我向上。」

　　1942年，還在她離婚之前，蘇青便寫了篇〈論離婚〉的文章，發表在《古今》雜誌的第9期上。文章中寫道：

性的誘惑力也要遮遮掩掩才得濃厚。美人睡在紅綃帳裡，只露玉臂半條，青絲一綹是動人的，若叫太太裸體站在五百支光的電燈下看半個鐘頭，一夜春夢便做不成了。總之夫婦相知愈深，愛情愈淡，這是千古不易之理。戀愛本是性欲加上幻想成功的東西，青年人青春正旺，富於幻想，故喜歡像煞有介事的談情說愛，到了中年洞悉世故，便再也提不起那股傻勁來發癡發狂了。夫婦之間頂要緊的還是相瞞相騙，相異相殊。鬧離婚的夫婦一定是很知己或同脾氣的，相知則不肯相下，相同則不能相容，這樣便造成離婚的慘局。

小小女子，便有如此通透明達的人生觀，這讓讀到了該篇文章的陳公博大吃一驚。其時陳公博是上海市市長，他十分賞識能寫過這種漂亮文字的奇女子，撳亮開關，藉著燈光寫了一封信，托人帶給了蘇青：

> 我想請你做市府的專員，但專員是沒有事做，也太無聊。派到各科辦事，各科習慣對於無專責的專員，時時都歧視。所以我想你以專員名義，替我辦辦私人稿件，或者替我整理文件。

信寫得很誠懇，卻讓蘇青犯難。陳公博信中實際上有兩層意思，表層意思是委任蘇青為政府專員，解決級別和待遇；深層意思是想讓蘇青做他的私人祕書。有好朋友及時提醒，說這封信裡有陷阱呢，眼看你婚姻瀕臨破裂，陳市長暗中窺伺，要小心哦。

又說，情場爭寵倒在其次，你跟了他，假如有一天，戴頂傍漢奸的帽子，那才真犯不著。

蘇青是個明白人，她對世事有自己的見解和判斷。退後一步，蘇青沒有去做陳公博的私人祕書，而是選擇了做政府專員，在機關裡，她的具體事務是核簽工作報告。專員只做了兩三個月就辭職了，據說讓她辭職是陳公博的意思，事情到了這個程度，蘇青與陳公博不明不白的關係就漸漸浮出水面了。

早有傳聞，蘇青到市政府任專員之職，陳公博在國際飯店某幢樓開了個房間專門接見她。陳公博還送給她一本復興銀行的支票簿，每張都已經簽字蓋章，只等她填寫數字便可以支現。辭掉專員職務後，蘇青仍然在想著靠自己養活自己的路子，她異想天開，要自己創辦一本雜誌，取名《天地》，請陳公博支援。陳公博給了她5萬元，這筆錢在當時可以買50令白紙。

1942年，蘇青剛滿28歲，她的人生過早地進入了人生的第一個冬季。這年9月她患上了肺結核，婚姻生活又出現了裂痕，後來離婚了，蘇青獨自一人承擔起養育子女的重擔，寄人籬下，生活百般愁苦。亂世偷生，加上單身女人的孤苦無依，原來世界到處潛藏著酸辛。就是在這麼一種背景下，她開始創辦《天地》雜誌，在《飲食男女》一書的後記中蘇青寫道：

> 在白雲悠悠的夏之傍晚，我辛辛苦苦的校稿樣；更深人靜之後，我還在防空燈罩下握筆凝思，究竟為的是什麼呢？這裡已變成瘋狂的世界，人心焦灼、煩躁。終日戚戚，或莫名其妙的興奮著，像在火山上跳舞，又像在冰層上築瓊樓玉宇，明明知道這可是轉瞬間就要倒坍的，然後還得爭取這一剎那——剎那的安慰與排遣哪！否則這幾分鐘活著

的功夫又將幹什麼呢？……於是我選擇這項寫作與出版事業來排遣我目前的光陰。

　　一個單身女人獨自支撐起一份雜誌，這件事情即便聽一聽也不會輕鬆。1943年春節，外面下著鵝毛大雪，屋頂上、道路上鋪了一層厚厚的雪，望過去白茫茫一片。蘇青坐在三輪車上，抱著《結婚十年》去推銷，原因是過年的錢不夠，家裡的孩子要添件新衣裳，飯桌上總得有點魚肉，還有些必不可少的人情來往，事事處處都需要錢哪！《結婚十年》的封面是大紅的，有著龍鳳呈祥的圖案，很是喜氣。書太多了手中捧不下，落在雪地上，雪白的地面襯著大紅封面的書，遠遠看去像是美人眼角落著一顆大紅的美人痣。蘇青顧不得自己是女人家，跳下三輪車，彎著腰把書一本本拾起……張愛玲曾寫過蘇青的這段故事，她是寫她能幹，其實從中也能看出蘇青求生的本能。一個女人，沒有男人的肩膀作支撐，獨自為生計奔波，該是多麼悲涼！

　　然而時代是動盪的，而且更大的動盪就要到來。蘇青生活在動盪不寧的時代，她只是大浪潮中的一顆水星、一簇泡沫，在政治夾縫中生存，有諸多不易。蘇青說：「我很羨慕一般能夠為民族、國家、革命、文化或者藝術而寫作的人。可是我自己，卻常常是為生活而寫作。」另一個場合，她說得更加直白：「我在上海淪陷期間賣過文，但那是不得已耳。我以為我的問題不在賣文不賣文，而在於所賣的文是否危害國家。正如米商也賣過米，黃包車夫也拉過客人一般，假如國家不否認在淪陷區的人民尚有苟延殘喘的權利，我就如此苟延殘喘了，心中並不覺得愧怍……我投稿的目的，純粹是為了需要錢！」

　　蘇青雖然喜歡熱鬧，表面上大咧咧，但是內心其實也柔軟，

離不開男人。她說，女朋友至多只能懂得，男朋友才能夠安慰呀。孔子曰：「飲食男女，人之大欲存焉。」蘇青卻將標點輕輕移位，變成了「飲食男，女人之大欲存焉。」蘇青實在太累了，需要男人的肩膀來倚靠，她感歎道：「我家連一枚釘子，也是用我自己的勞力換來的，可又有什麼意思呢？」

對於陳公博，蘇青真正能堪稱「紅顏知己」。陳公博起初只是欣賞蘇青的文章，幾次深入交談後，進而同情起她的經歷身世。有一次，陳公博請蘇青吃飯，席間喝了點酒，意興闌珊。不知怎的，陳公博的情緒陡然變壞，像是個不可救藥的頹廢青年。蘇青陪著喝了一杯酒，陳公博終於說出了滿腹苦惱：自己實為文人，個性完全不適合政治，當初成為共產黨一大會議的代表，也是陰差陽錯。希望幻滅了，人還是要往前走，他與汪精衛相識相知，是多年最愛的朋友，如今只能死心塌地，永遠追隨汪先生……將來不知道會是什麼樣的結局？

陳公博的話蘇青並不能完全聽懂，但她能理解那個男人的心。

蘇青寫文章讚美過陳公博的鼻子。據說，男人的鼻子與雄性生殖器有關，讚美男人的鼻子，意味著讚美男人的性及性能力。蘇青或許不懂這些，就算那是一句真心的讚美，也被許多人當作笑話流傳了。

從報紙上得知陳公博被處決的消息後，蘇青寫下了這段悲涼的文字：「回憶酒紅燈綠之夜，他是如此豪放又誠摯的。滿目繁華，瞬息間竟成一夢。人生就是如此變幻莫測的嗎？他的一生是不幸的。現在什麼都過去了，過去了也就算數，說不盡的歷史悲哀呀。」

紅泥小火爐

　　蘇青一手創辦的《天地》雜誌，一經問世，便引起了強烈反響。用詞學家金性堯的話說：「就像死水裡跳出一隻青蛙，叫的卻是五十年前的聲音。」《天地》創刊號銷路不錯，依據蘇青的自述：第一期原印3000，10月8日開始發售，兩天之內便賣完了。當10月10日早晨報上廣告登出來時，書是早已一本沒有，於是趕緊添印2000，也賣完了。

　　為辦好這本雜誌，蘇青使盡了全身解數。張愛玲談到好朋友這段經歷時說：「整個社會到蘇青那裡去取暖，擁上前來，撲出一陣陣冷風——真是寒冷的天氣呀，從來，從來沒有這麼冷過。」創刊頭幾期雜誌，中間插頁上有蘇青、張愛玲、關露、施濟美、潘柳黛等女作家的照片，還有花花綠綠的美女廣告畫。身穿旗袍的民國女子，一個個花枝招展，貌美若仙，為雜誌增色不少。此外約稿和催稿，是她最感頭痛也最費精力的。楊淑慧、梁文若、予且等多位作家，都在文章中談到過被蘇青催稿時的窘態——即便在飯桌上遇見了，她也絕不會放鬆，非得人家扔了碗筷，馬上寫稿，擺出一副立等可取的架式。

　　蘇青約稿的作家陣容龐大，張愛玲是其中之一。她們之間既是編輯和作者的關係，又是彼此欣賞的文壇姊妹花。蘇青是在主編《天地》時認識張愛玲的，頭一回見面，兩個人心裡都驚訝，對方像是上輩子的熟人。張愛玲內斂、冷漠、寡言、不擅俗務；蘇青張揚、熱情、健談、像一樽紅泥小火爐。一個似冰，一個似火，冰與火，組合成了一個傳奇天地。胡蘭成有個形象的比方：「張愛玲是一匹蔥綠配桃紅的綢，蒼涼得華麗無比。而蘇青，卻是一段錦，雖不及綢高貴，卻有著簡單健康的底子，絲絲縷縷把

花都繡在了我們的心頭上，端詳著看，那緊湊明倩的眉眼似有一種橫了心的鋒棱。」

蘇青快人快語，回答記者提問時真率地說：「女作家的作品我從來不大看，只看張愛玲的文章。」張愛玲很懂投桃報李，在文章〈我看蘇青〉中她寫道：「如果必須把女人作者特別分作一檔來評論的話，那麼，把我同冰心、白薇她們來比較，我實在不能引以為榮，只有和蘇青相提並論，我是甘心情願的。」

如果沒有第三個人進入這場戲，故事情節就不會像後來發生的那樣錯綜複雜。第三個人是胡蘭成，才情逼人的花花公子，與蘇青的關係說不清道不白──這從他寫蘇青的文字中能看得出來：「倒是在看書寫字的時候，在沒有罩子的檯燈的生冷的光裡，側面暗著一半，她的美得到一種新的圓熟與完成，是那樣的幽沉的熱鬧，有如守歲燭旁天竹子的紅珠。」一個離婚女人在檯燈下伏案寫作，旁邊卻立著個不是她丈夫的男人，二人的曖昧情調可想而知。

1943年10月，胡蘭成在《天地》雜誌上讀到張愛玲的短篇小說〈封鎖〉，大為讚賞，幾次給蘇青寫信，打聽張愛玲的地址。後來乾脆，直接來編輯部約蘇青吃飯。席間兩個人各懷心事，胡蘭成始終不提張愛玲，等到飯吃完了，他送蘇青回到寓所門前，才遲疑地問了一句。蘇青臉一沉，她猜透了眼前這個男人的心思，冷冷說道：「張愛玲不見人的。」

仍然禁不住軟磨硬泡，蘇青還是把張愛玲的住址告訴了他。迤邐的故事，像舊戲文中才子佳人的場景，既俗套又新穎。張愛玲雖愛胡蘭成的才情，但起初認為僅限於兩情相悅，自己不會陷入情網。及至後來，張愛玲在情愛陷阱中越陷越深，不能自拔，她與好朋友蘇青的關係，終於發生了微妙的變化。

有一天晚上，胡蘭成在蘇青家室中勾留，不巧張愛玲翩然而至，三個人見面時的場景有點尷尬。張愛玲心中泛出醋意，臉上也掩飾不住。胡蘭成看出來了，蘇青不知看沒看出來？張愛玲在後來的文章中，似乎有意無意總在掩飾她和蘇青的某種特殊關係。她在〈我看蘇青〉中寫道：

蘇青與我，不是像一般人所想的那樣密切的朋友，我們其實很少見面。也不是像有些人可以想像到的，互相敵視著……至於私交，如果說她同我不過業務上的關係，她敷衍我，為了拉稿子，我敷衍她，為了要稿費，那也許是較近事實的。可是我總覺得，也不能說一點感情也沒有。我想我喜歡她過於她喜歡我，是因為我知道她比較深的緣故。

張愛玲說：「蘇青是個紅泥小火爐，有它自己獨立的火，看得見紅焰焰的光，聽得見嗶栗剝落的爆炸，可是比較難伺候，添煤添柴，煙氣嗆人。」看起來，張愛玲確實知道蘇青，而且知道得比較深。

謝幕

才35歲，蘇青大半生的好日子就已經過完了。像一棵繁花落盡的樹，花季一過，一束束光焰轉瞬間暗淡下來——偶爾在回憶中咀嚼往日的情景，泛上心頭的既有幸福的眩暈，也有夕陽蕭瑟的蒼涼。

金性堯有篇文章〈憶蘇青〉，寫他建國後見到蘇青時的情景，「她穿著一套女式的人民裝」。金老說，那套服裝確實讓人意外，總覺得50年代的上海，哪怕只剩下最後一件旗袍，也應當屬於蘇青。

新中國成立後，穿上女式人民裝的蘇青到處去找工作。匆忙

跑遍了大街小巷，最後的結果讓她悲觀──不僅找工作無望，連在報刊上發表豆腐塊文章賺點稿費都沒門。蘇青感到前途渺茫，情緒低落。有一天，坐在家中翻閱報紙，看到上海市文化局舉辦戲曲編導學習班公開招收學員的消息，她的眼睛閃閃發亮。

戲曲家周良材曾寫文章，追憶蘇青當年參加戲曲編導班的情景：

記得在報到時，蘇青身穿一套半新半舊的人民裝，一根腰帶緊裹著那已經發福的身腰，嘴上含了一支翡翠綠的煙嘴，上面點著長長的、冒著火花的捲煙。新來乍見，大家就發覺她我行我素，與眾不同，個性十分突出。

學習班地點設在延安中路浦東大樓的8樓。開班的第一天，蘇青就主動到我們男生宿舍串門，風風火火，快人快語。

她操著一口硬梆梆的寧波話自報家門：「我叫馮允莊，就是寫《結婚十年》的蘇青，你們幾位，誰讀過我的書？」

我們這幫小夥子，的確有不少愛好小說、散文的，一聽她就是40年代鼎鼎大名的女作家，極感興趣，紛紛與她攀談起來。她也顯出一見如故、相見恨晚的熱情，爽朗地談及她的創作歷史，坦率單純，毫無城府可言。

這位蘇青也真有意思，談著談著，又回自己的宿舍去了。不多會，她再度出現時，手裡捧了一大堆《結婚十年》。我們人手一冊，無一遺漏，皆大歡喜。

怪不得張愛玲說蘇青是「偉大的單純」。如此毫無遮掩的行事作派，極容易成為階級鬥爭的靶子，風聲傳到了組織上，第二天，教務長召開全體大會，手中拿著那本有點發黃的《結婚十年》，說道：「這是舊社會的作品，宣揚的是不健康思想，不能在班內散發氾濫。」還好，教務長沒有狠抓猛批，只是責令蘇青

挨個去收回《結婚十年》了事。

　　總算進了戲曲編導班，蘇青沒日沒夜地忙碌，這團火又燃燒起來了。蘇青改編的粵劇《賣油郎》大獲成功，上座率高漲，這使她的信心也高漲。繼《賣油郎》後，又成功改編了郭沫若的《屈原》。就在她準備創作歷史劇《司馬遷》時，發生了一個意外：為了解開學術上的一些疑惑，她寫信向賈植芳先生請教，誰知賈植芳此時已成「胡風反黨集團」成員，被打入了另冊。蘇青這封普通的信落到專案組手中，導致她以「反革命」罪被捕，關進了上海提籃橋監獄。

　　蘇青被釋放出獄的時間是1957年6月27日。那一年，她的好朋友張愛玲已和美國劇作家賴雅結婚，蟄居紐約，正著手寫作一部英文小說《雷峰塔》。那部自傳體的小說，寫張愛玲4歲到18歲的成長經歷，身世謎團，家族榮枯，逐一在書中透迤展開。張愛玲在紐約的歲月過得很孤獨，也很充實。和張愛玲相比，此時的蘇青只能用「落魄」兩個字來形容。

　　她的時代已經結束了。那一次從獄中歸來，蘇青體味得十分真切。儘管表面看來她依然談笑風生，若無其事。蘇青還是孜孜不倦地進行戲曲創作，去圖書館查閱資料……只有當她靜下來的時分，那些黑色小螞蟻便會一隻隻慢慢爬上來，搔癢得她心裡頭發酸。她知道，那些黑色小螞蟻，名字叫憂傷。

　　蘇青晚年的心情是寂寥的。她愛養花，讓花花草草在身邊陪伴，大約會平添一絲熱鬧的氣息。她與友人聊天，說只要看見人間草木還在開著花，自己能夠安靜地活著，心境就舒服。她在給友人王伊蔚的最後一封信中寫道：「這些花是我生命末期的伴侶。我並不悲觀，只是安心地等待上帝的召喚……」

　　1982年12月7日，農曆大雪。蘇青在醫院裡靜悄悄地走了。

家人為她在上海西寶興路殯儀館舉辦了一場追思會，靈堂裡沒有花圈，沒有哀樂，也沒有悼詞。幾分鐘後，她被送進了焚屍爐……

　　據說蘇青彌留之際曾留下話，想一個人安安靜靜地葬回老家，臨水依山，眺望風景，墓碑上鐫刻「文人蘇青之墓」幾個字。可惜這一願望最終未能實現。她沒有被送回老家，也沒有一塊墓碑，直到三年後，三女兒李崇美回中國尋親，才將母親的骨灰帶出國門，安葬在太平洋彼岸，與張愛玲為鄰。

葉靈鳳：從小夥計到墾荒者

　　葉靈鳳（1904—1975），原名葉蘊璞，筆名葉林豐、臨風、亞靈、霜崖等，江蘇南京人。1925年參加創造社，主編過《洪水》月刊。1926年與潘漢年合辦過《幻洲》，刊物被禁後改名《戈壁》，再次被禁後改名《現代小說》。1929年，創造社被查封，葉靈鳳一度被捕。1937年，抗日戰爭爆發，葉靈鳳參加《救亡日報》的編輯工作，後隨《救亡日報》到廣州，廣州失守後到香港，從此在香港定居，直到1975年病逝。

　　葉靈鳳的一生，主要生活在兩個洋場：解放前的上海和30年代後的香港。

　　他畢業於上海美專，早年主要的作品是小說，重於心理分析，和穆時英等的新感覺派小說可歸為一類。

　　葉靈鳳是個情趣多樣的文人，晚年在香港，過著比較純粹的書齋生活，讀書，寫稿，編報紙副刊，貫穿他人生最後的20多年。葉靈鳳是南京人，江南的風物總是縈繞在腦中，後期他寫了一些懷鄉的抒情小品，言簡意深，淡而有味。晚年用霜崖的筆名寫了不少中外讀書隨筆，淵博的學識，精心的剪裁和簡潔的文字，讓人讀來不忍釋手。他最出色的隨筆是有關香港掌故和風物的《香港方物志》，既是科學小品，又是文藝散文，作者希望「將當地的鳥獸蟲魚和若干掌故風俗，運用自己的一點貧弱的自然科學知識和民俗學知識，用散文隨筆形式寫成」，他確實做到了。文章寫的平易親切，趣味盎然。

　　葉靈鳳還有個嗜好：愛藏書。他不說自己是藏書家，而說自己是愛書家。他住的整幢房子都是他的書房，書房裡有書，客

廳裡有書，臥室地上也堆滿了書，甚至他子女的房間，也是他的「藏書殖民地」。在他那個書的神祕城堡裡，朋友們不清楚他究竟有多少冊藏書，只知道他是一個讀書讀得非常多的人。據他夫子自道：「我讀書讀得很多，一天要同時讀幾本書，讀了歷史或學術的著作之後，接著就改讀小說或是筆記……許多較枯燥、卷帙很繁重的書，都是在這樣的情況下順利讀完的。」

1975年11月23日，葉靈鳳病逝於香港養和醫院，享年71歲。

小夥計

1924年春天，20歲的葉靈鳳跟隨他的三叔父來到十里洋場，進入上海美術專科學校讀書。那所由劉海粟創辦的學校，無疑在近現代美術教育史上具有開拓者的意義。當時在學校裡上課的老師，後來都成了赫赫有名的大師級人物：劉海粟、黃賓虹、傅雷、江小鶼、汪亞塵、李金髮、潘天壽、關良、陳抱一、丁悚、方幹民……只不過，當時只道是尋常，葉靈鳳並沒有覺得大師們特別的好，因為此刻他的心，壓根兒就不在父親指定自己所學的西洋美術上。

上海美專新校舍設在西門斜橋路，那兒原來是徽州會館修建的「丙舍」。這個古詞的本來含義是「正房旁邊的耳房」，又寓意「客居他處」，演化到現代則成了「墓廬」。直白地說，是臨時停放棺柩的一處所地在。徽州旅滬的商人們，經常在這裡為客死上海的同鄉辦理喪葬事宜。每天，葉靈鳳背著畫夾從這裡路過，總能感覺到後脖子上有一絲陰冷潮濕的風在吹拂，彷彿身後有個戴著面具的老巫婆，反覆唱著一支奇怪的歌。

葉靈鳳的三叔父住在哈同路民厚南里——那兒是個具有傳奇色彩的地方，堪稱中國現代文學史上的一塊福地。每天在美術學

校上完了課，他便以文學青年的身分跟著郁達夫去上館子。那時候郁達夫剛剛辭了北京大學的教席歸來，穿一件深灰色長袍，高高的顴骨，身材瘦長，看上去像江浙的小商人，一點也看不出那是個滿肚子絕世才華的人。郁達夫從來不在家裡吃飯，他經常光顧一些本地和徽幫的小飯館，一包香煙，半斤老酒，最愛吃的一樣菜是「白爛汙」。所謂「白爛汙」，即黃豆芽煮肉絲，不用醬油，放了醬油的便稱為「紅爛汙」了。

當時寓居在民厚南里的還有郭沫若、成仿吾、戴望舒、施蟄存、田漢、張聞天及其弟張健爾等人。根據葉靈鳳自述，他受那些作家的影響很深，「雖然每天照舊到美術學校上課，事實上畫的已經很少，即使人體寫生也不大感到興趣，總是在課堂上轉一轉，就躲到學校的圖書館去看書或是寫小說。」他將小說寫在一個練習簿上，藏在抽屜裡，祕不示人。

如果把人生比作一次航行的話，那麼葉靈鳳20歲時，那艘船的未來目標還是模糊不清的。他只能聽從內心神祕聲音的驅使，跟著興趣去隨波逐流。「每天往來要經過那一條長長的福熙路，在一條路口附近有一家舊貨店，時時有整捆舊西書堆在店門口出售。我記得曾經用一毛錢兩毛錢的代價，從那裡買到了美國詩人惠特曼的《草葉集》，英國畫家羅賽諦的詩集，喜歡得簡直是廢寢忘食。」午後的空氣中瀰漫著陽春麵的味道，潮濕纏綿的黃梅雨一絲絲飄過來，那段歷史鐫刻在心田中，成為人生永遠的記憶。

當年的創造社，除了郭沫若、郁達夫、張資平等大佬級人物外，還有一群發揮了極大作用的小夥計，其中包括周全平、葉靈鳳、潘漢年、柯仲平、周毓英、邱韻鐸等人。創造社的極盛時期過去之後，郭沫若漂流日本，郁達夫離開上海，張資平經營礦

山，留在上海的成仿吾獨木難支，不久《創造週報》宣布停刊。成仿吾打算離開上海時，望著編輯部裡堆放的一捆捆未刊用的存稿，皺著眉頭連聲輕歎：可惜，可惜。

小夥計周全平自告奮勇，挑頭辦起了一份雜誌，名曰《洪水》，放言要續寫創造社中後期的輝煌。至於《洪水》的刊名，並沒有太多含意，只因為周全平那時正在一個教會裡參與校對《聖經》，正好校對到洪水的那一章。「這個名好哇，洪水，我渴慕著那能毀壞一切的洪水。」

參加《洪水》雜誌編輯雜務的有倪貽德、敬隱漁、嚴良才等幾個年輕人，葉靈鳳是後來才加入進來的，他的任務是負責封面設計和插圖。1924年8月24日，創造社的著名刊物《洪水》創刊，封面上是一幅怪異的圖案：上端有一隻鷹和兩條蛇，鷹的胸前佩著一把劍，下端是滔滔洪水，一群浮游的海貝和海螺中，尖嘴猴腮的凶神露出猙獰的臉，凶神的身體下面，丟著一個撕破了的假面具。

這個封面的設計者就是創造社小夥計葉靈鳳。

年輕時的葉靈鳳是王爾德的追隨者。那時候共產黨的早期人物張聞天也熱愛文學，和葉靈鳳同住哈同路民厚南里，那位特殊鄰居送給他的書，清一色是王爾德的小品集和童話集。葉靈鳳讀之而傾心，繼而翻譯了王的名著《莎爾美》。他覺得找到了靈魂上的導師，以至於終生與那位唯美主義藝術家形影相隨。葉靈鳳的畫風、文學創作乃至生活作派，無不深受藝術巨匠王爾德的影響。

作家李歐梵在《上海摩登》一書中說，葉靈鳳很想成為一個滬上有名的花花大少，想要贏得眾多女人的芳心。可是，他沒有邵洵美帥，也沒有邵洵美有錢，但他偏偏就存了那樣的念頭。

葉靈鳳是個略帶脂粉氣的男子，他在文章中自誇：「除了香水以外，我還有兩盒極好的粉。」在創造社的那群小夥計中，葉靈鳳有點兒養尊處優，加上要插圖和寫稿，編輯部的雜務（打包、郵寄之類的活路）幹得少，因此常引起另一些小夥計的不滿。周毓英回憶說：「我們大家什麼事情都共同做，包書也要大家來。靈鳳、漢年是能躲就躲，否則敷衍一下。柯仲平包書的時候罵人罵得最厲害，連聲『×他媽的，他們寫的稿子要我們打包！』」

其實這話說得有點冤枉。小夥計們編輯《洪水》雜誌是在周全平的家中，那是上海南市阜民路里弄中的一間老房子，四扇玻璃窗對著大天井，顯得開闊疏朗，不似一般亭子間那麼陰暗潮濕。淡淡的冬日陽光下，葉靈鳳和周全平面對面默默對坐，一邊翻著原稿，一邊塗抹校樣。只有偶爾的空隙，工作疲倦了的兩個人才伸伸懶腰，一聲歎息，一次對白，給那個亭子間帶來一絲生機。

葉靈鳳回憶說：「這一間小小的亭子間中的生活，這一種團聚靜謐的幽味，的確是使我淒然不忍遽捨它而去的。你試想，這一間小小的斗方室中，在書桌床架和凌亂的書堆隙地，文章寫倦了的時候，可以站起來環繞徘徊……」即便到了晚年，兩鬢斑白的葉靈鳳仍舊念念不忘：「在那間亭子間裡所過的幾個月的生活，卻是我畢生所不能忘記的。因為正是從那裡開始，我正式離開家庭踏入了社會；也是從那時開始，我第一次參加了刊物的編輯工作，並且親自校對了自己所寫和自己付排的文章。」

入獄

葉靈鳳入獄，完全是一次意外事件。

依據創造社小夥計周毓英的回憶，《洪水》雜誌創刊後，創

造社不久又成立了出版部。在寶山路一帶開了個門市，常常有赤足拖木屐的人來買書，那些人多半是工廠裡的工人，也有學生大老遠地跑來，待在書店角落裡安靜地讀書。這麼個偏僻冷清的里弄，忽然間變得熙熙攘攘，警察局懷疑這個書店是赤色的。終於有一天，寶山路警察局派了十幾個員警來搜查，樓上樓下，連馬桶、保險箱、帳簿等都查過了，沒有查出任何可疑的證據。葉靈鳳等幾個創造社小夥計始終捏著一把汗，直到員警搜查完畢，揪著的一顆心才放了下來。

可是，正當小夥計們慶幸平安無事的時候，那些員警又折轉身回來了。領頭的那個員警走過來，雙手抱拳，和顏悅色地說道：「局長請各位去談話，對不起，請跟我走一趟吧。」正在書店中忙碌的柯仲平、葉靈鳳、周毓英、成紹宗四人，當時沒有作任何申辯，臉上也沒有任何蕭穆的表情，樂呵呵地跟著員警走了，倒像是去參加一場喜宴。

葉靈鳳等人被抓去五天後便放了。為此，他專門寫過一篇文章〈獄中五日記〉敘述那件事。葉靈鳳在文章中說：獄中五日，實在是不足述，外面謠傳我們曾受了嚴酷的刑訊，實則在牢裡的我們席地坦臥，享受了平時在外面享受不到的幸福。不但不覺得苦，反而自慚形穢──我這種耽於享樂的書生也被歸結到革命的旗幟下，恐怕要讓人笑掉門牙了。

真的，當我進去了之後，我見著的僅是將我們與煙犯小竊同拘在一間木柵的黑屋中，不捆縛，也不用鐐銬，我真感覺有一種失望。理想與現實畢竟終是太遠了！我以為至少也得要有人來監視我們的起臥與談話的自由。

在葉靈鳳想像中的世界裡，他希望獄中生活能像小說中讀到的那樣：夜深人靜了，獄卒手持一支蠟燭走過長廊，搖曳的燭

光在牆壁上拉出長長的投影，獄卒的腳步聲由遠而近，掏鑰匙開牢門的聲音清晰可聞，獄卒點名，叫他的名字，他跟著獄卒去提審……類似這樣的戲劇化鏡頭一個也沒有出現，獄中生活平庸得讓人感覺太乏味。難怪葉靈鳳事後感歎：「啊，太不值得了！」

入獄前的葉靈鳳，是一個醉心於唯美主義生活情調的浪漫藝術家。「有時穿著廉價的三友實業社出品的自由布衣服，藍雪花紋的大褂，外加上紅雪花的馬甲，真想冒充王爾德，見了叫人嚇一跳。」（樓適夷語）獄中五日的現實生活讓他清醒了許多，獄中老犯人對於新進犯人的敲詐，獄卒、茶役的勒索，員警們收了賄賂後行事的態度……見識了獄中的世態百相，葉靈鳳在〈獄中五日記〉中大談坐牢體會，他說：因為自己身上有一兩塊錢的緣故，在牢裡不但沒有受欺負，還得到了相當的敬重。「我用了五元錢，結交了一位腿上刺著春宮畫的白相好漢，他便事事都為我出面，錢的能力真不可思議。」

葉靈鳳出獄後曾感歎道：「我出來了之後，不但未得到愉快，反覺得有一種消失了對手之抵抗而空漠的悲哀。」顯然，他這麼說顯得有點嬌情。入獄坐牢並不是什麼快樂的事，放出來呼吸自由的新鮮空氣，畢竟比獄中生活要好許多。

值得一提的是，那次入獄經歷後來還成了他創作的素材。1930年，葉靈鳳出版長篇小說《紅的天使》，其主人公丁健鶴的入獄，以及獄外朋友們營救丁健鶴的過程，無疑皆取材於此。

雙鳳樓記

1927年，23歲的葉靈鳳已成為滬上文壇一顆閃亮的新星了。

這一年，他連續出版了三本書：散文集《白葉雜記》、短篇小說集《女媧氏之遺孽》和長篇小說《菊子夫人》，還相繼發表

了不少文學和美術作品，他沉浸在一種迷醉的喜悅中，感到天空格外藍，太陽格外紅。

如此春風得意的時刻，有一位異性仰慕者前來叩門拜訪，他的心中將會驚起怎樣的喜悅？葉靈鳳在隨筆小品〈笑〉中，準確描摹了當時的心情：

剝，剝，剝，是小雀兒啄著它的悶殼，是白醫的天使在叩著他的孩子的靈扉。

像在夢中一般，我恍恍惚惚的擲下筆去將門開了，我不相信此刻會有春的消息。

湧進來的是一陣爽朗的笑聲，我的萎靡的花上像突然淋了一陣甘露。

叩門者與葉靈鳳不同姓，但是同名。她叫郭林鳳，是復旦大學的一位女學生，因為仰慕那個同名者的文才，她邀了同伴U一起「專程來瞻仰」。

舊式戀愛的是含蓄的，像是遮面嬌羞的花，那份繾綣之情中隱隱蘊藏著悠長的韻味。郭林鳳，儘管對與她同名的才子心中充滿了愛意，仍然必須保持大家閨秀的矜持，她讓自己的同學U出面去會見葉靈鳳，與葉展開「手談」。那個場面想來十分有趣：一男一女對面坐著，有話不好好說出口，卻非要用紙條寫出來遞給對方，舊時代青年對愛情的聖潔態度可見一斑。

「鳳的家庭是很不自由的，她家中沒有一個人能瞭解她。」

「這與我何干？」

「她很愛你！」

U在紙條上寫的這四個字，像紅紅的火炭灼燒著葉靈鳳的心。不知道這是出自U的觀察，還是受了郭林鳳的指使。葉靈鳳後來在隨筆小品〈天竹〉中回憶：「我像一隻驚弓的鳥兒突然又

聽見了一聲弦響一般，一見這四個字，我的臉色完全變了。」

與郭林鳳真正見面的時刻，那個場面葉靈鳳用文字記錄了下來。

U率先開口說道：「這或許要惹旁人的議論，以兩個青年的女性，僅因一點文字關係，就突然跑去會一個素不相識的青年男性。瞭解我們的人自然知道這是天真，不瞭解我們的人不知道將要編排成什麼了……」

郭林鳳的話耐人尋味：「日前一晤，我承認是我生命史上最可紀念的一頁。雖不免有點冒昧，但是同名的緣分，我想，這一點心靈上的認識，足以解釋我一切的冒昧。」

而在葉靈鳳這邊，心頭上的喜悅不言而喻。「冷寂的樓頭，永遠是冷寂的，永遠是灰色的。但自昨日以來，我覺得一切都有了生氣，我覺得窗外那一枝殘葉也分外地可愛。啊，這是誰的力量？」

短短的十幾天時間內，葉靈鳳和郭林鳳相見了五次，愛情之樹在無拘無束地生長。「玫瑰花開了，而且開得異常豐盛。一夜的春風，冬眠的蟲兒睜開眼來，已完全不相信這是他舊有的世界了。」

短暫的熱戀之後，那一對同名的人進入婚姻的殿堂。他們有共同的興趣和愛好，生活過得恩愛甜蜜。這一時期，葉靈鳳寫有一組〈雙鳳樓隨筆〉，寫庭院裡的李樹和牽牛花，寫居家過日子的煤煙，寫醉魚、醋蝦、黃瓜以及泥滑滑的蓮子羹湯，只要是有情人在一起，柴米油鹽的日常生活也能過得極富詩意。

誰知道還不到一年，他們的家庭生活發生了變故。

郭林鳳祖籍廣西，她的父親是個政府官員，而且官銜不小。郭父帶著家眷長期住在上海，有一幢兩層樓的房子，寬敞的庭院

裡種滿了花花草草，還有七、八個男女傭僕。

　　──事情就出在男女傭僕上。有一對男女傭僕彼此相愛，無意中被郭家主人（郭父）發現了，令那對男女跪在大眾廣庭之下，訓斥責罵，大發雷霆。受到侮辱的男僕一怒之下，動了殺機，灶房裡拿了一把菜刀，見人就砍。那天郭父不在家，郭林鳳讀書住校，僥倖躲過了那場災難。郭家其他人遭致滿門抄斬，可憐郭林鳳的母親，平日裡吃齋念佛，一心向善，即便是在那對男女傭僕罰跪之時，郭母也沒少憐憫他們。遺憾的是，起了殺心的男傭已顧不到那麼多了。

　　1928年夏天的那樁兇殺案在上海灘引起了震動。小報上接二連三刊登此一事件的花邊新聞，郭林鳳被捲入到漩渦中，她本來就是個多愁善感的人，母親被害，又死得那麼慘，對郭林鳳的打擊之深可想而知。她伏在丈夫葉靈鳳的胸前嚶嚶哭泣，悲聲說道：「想起母親，我有一生也流不完的眼淚……」

　　為了讓妻子度過那一段艱難時日，葉靈鳳帶著她南下香港，藉助南方的和風細雨來撫慰心靈。初到香港，葉靈鳳夫婦無親無故，暫住在中環路的一家旅館裡。因為以前編稿認識了一位原叫侶倫的香港作家，對於侶倫來說，年齡不大的葉靈鳳是他文學上的前輩。在侶倫的幫助下，葉靈鳳夫婦終於有了一個住所。據侶倫在回憶文章〈故人之思〉中云：

　　　　那是座落在宋皇台旁邊一間房子的第二層樓。從那「走馬騎樓」向外望，正面是鯉魚門，右面是香港，左面是一條向前伸展的海堤；景色很美。尤其是晚上，海上的漁船燈火在澄明的水面溜來溜去，下面傳來海水拍岸的有節奏的聲音。有海闊天空之中，人們彷彿置身於超然物外的

感覺。

如此優美舒適的環境，有助於療養妻子的心靈創傷。在香港的一個月，郭林鳳儘管內心仍在憂傷，但從表面上看情緒已經平復。那段時間，他們夫妻倆以及青年作家侶倫的日子過得愜意。三個人都喜愛讀書，葉靈鳳讀高爾基的《母親》，郭林鳳讀法國作家雷司華德的《漫郎攝實戈》，侶倫讀史蒂文生的小說《自殺俱樂部》。「讀書讀累了，三個人便到外面去散步，一同坐在堤邊的石塊上乘涼。常常一坐就坐到了深夜。有趣的是，有一次講鬼故事，竟整整講了一個通宵。」（李文宇：《葉靈鳳傳》第77頁）

一個月的時間過去了，葉靈鳳因滬上的書店業務要處理，依依不捨地離開了香港。分別前和侶倫約定，等稍後時間鬆緩些了再來。誰知道香港一別後，這對夫妻的感情出現了裂縫，郭林鳳回到老家廣西，幫助她做過大官的父親處理家庭雜務。經歷了那次兇殺事件後，她父親一下子變老了十幾歲，感情上也脆弱了許多，留住女兒說什麼也不讓走。直到一年後，郭林鳳在廣州一所大學謀了份教書的工作，父親才不甘心地讓她去了廣州。

到廣州後的第二年，郭林鳳不幸染上了風寒，香消玉殞。

郭林鳳也愛好寫作，在報紙上經常以「南碧」的筆名賣文為生。對於她和葉靈鳳的那段感情，郭林鳳曾經寫過一篇散文〈別柬〉，專門談論過這件事。有一次，郭林鳳逛舊書店，在書攤上看到一本《雙鳳樓隨筆》，不禁淚如雨下。

「左聯」風波

葉靈鳳終生是王爾德的追隨者。年輕時他翻譯王爾德的著名

悲劇《莎樂美》，那個「致命的女性」形象給他留下了難以磨滅的印象。

莎樂美的故事起源於《聖經》。莎樂美非常任性，她愛上了先知約翰，向他表達愛慕，想得到他的一個吻。但是約翰卻拒絕了她。殘酷的希律王是莎樂美的繼父，他迷戀莎樂美的美麗，對她寵愛無度。在希律王的一次晚宴上，繼父問莎樂美有什麼願望？莎樂美說了四個字：「殺死約翰！」繼父說：「跳舞吧，只要能見到你美妙絕倫的舞姿，什麼樣的願望都能實現。」

莎樂美跳起了舞蹈，她的乳峰上下顫抖，晃動的項鍊閃耀著迷人的光芒；她的手鐲、腰帶、指環也閃爍不已；她那珍珠鑲邊的長裙像波浪似的翻滾⋯⋯劇終時，莎爾美捧著剛剛砍下的約翰的頭顱，瘋狂地吻著他的嘴唇，嘗著他的鮮血。那一刻，莎樂美眼中淚光閃爍，她高聲唱道：「愛的神祕比死亡的神祕更偉大，這也許是愛情的滋味吧！」

這個血腥的故事充滿了愛情、死亡、暴力、亂倫、褻瀆、性虐待、戀屍癖等多種元素，王爾德受19世紀象徵主義和頹廢主義影響巨大，他的詩劇《莎樂美》更是詞藻華麗，極力歌頌肉體官能。文學史上，評論家們將莎樂美捧著約翰的頭顱狂吻的那一刻總結為「剎那主義」。時間停止了，過去和未來都被否定了，空間的感受被無限放大，那一瞬間才是人生中最美麗的時刻。

年輕時的葉靈鳳模仿頹廢派藝術家，喜歡將頭髮亂蓬在頭上，有時又換一個樣式，用一頂鴨舌帽壓住頭髮，不時地走到鏡子跟前仔細端詳。在隨筆〈偶成〉一文中，他這樣描述自己在電車上向一個時髦女子炫耀他的精緻：「我從口袋裡掏出一條有哈必根香水的手帕來擦一擦手，我望望自己的手指，很尖細。才用Curtex修飾過的指甲，整潔而光亮。」

　　葉靈鳳的唯美主義，不僅僅表現在是在日常生活上，更主要地是體現在藝術風格上。他的早期小說充滿了傷感孤寂的唯美情調，作品中所渲染的是一種遠離物質的只屬於心靈和情緒的迷醉，其創作帶有濃郁的試驗性。用錢理群的一句話來總結：「以一個不乏才情的海派作家，同操『先鋒文學』和『通俗文學』兩端，齊頭並進，他還真有其代表性。」

　　但是這只是葉靈鳳的一面，另一面，他很早就表現出對馬克思、列寧以及蘇俄文學的超乎尋常的熱情。據李廣宇在《葉靈鳳傳》中介紹：葉靈鳳經常光顧當時上海唯一一家專門出售進步外文書籍的書店，在那裡買到了《資本論》的英譯本和《震撼世界的十日》一類的書籍。他還於1928年翻譯出版了《新俄短篇小說集》——那是國內出版最早的蘇聯短篇小說集。

　　葉靈鳳參加「左聯」，與他的好友潘漢年關係極大。葉靈鳳和潘漢年同屬於創造社的小夥計，他們興趣愛好相似，私交密切。潘漢年是共產黨的祕密黨員，派往上海負責文化統一戰線工作，「左聯」成立，潘漢年取了很大作用。葉靈鳳加入「左聯」後，在他主編的《現代小說》雜誌上對普羅文藝進行了不遺餘力的宣傳和鼓吹。這一時期他的文學創作也由初期的情愛小說轉變為「革命＋戀愛」。如〈左道〉、〈神跡〉、〈未完的悲劇〉、〈紅的天使〉等，這類作品對革命的描寫明顯屬於「架空想像」，時代痕跡十分濃厚，葉靈鳳自己對這些小說也不甚滿意，後來他在編輯自選集時無一收輯。

　　然而，當「左聯」這個組織真正成立之後，葉靈鳳卻逐漸疏遠了它。按李廣宇在《葉靈鳳傳》中的說法：「這實在是葉靈鳳的天性和人生、藝術趣味使然。他可以熱情地接受進步的思想，自發地為這種進步思想鼓與呼，但他寧願選擇自己所樂意接受的

方式，不願被一個呆板的組織羈束。」

這應當是對於葉靈鳳與「左聯」恩怨的最合邏輯的解釋。

1931年4月28日，「左聯」發布了一則通告：

> 葉靈鳳，半年多以來，完全放棄了聯盟的工作，等於脫離
> 了聯盟，組織部多次的尋找他，他都躲避不見。但他從
> 未有過表示，無論口頭的或書面的。最近據同志們的報
> 告，他竟已屈服了反動勢力，向國民黨寫「悔過書」，並
> 且實際的為國民黨民族主義文藝運動奔跑，道地的做走
> 狗。……因此，葉靈鳳已成為無產階級文學運動之卑污的
> 敵人了，就此決議將葉靈鳳開除，將由祕書處在左聯機關
> 雜誌《前哨》上宣布。

通告上所列舉的葉靈鳳的種種罪名，均無據可查。其好友施
蟄存的一番話，倒是說出了其中的事實真相：

> 葉靈鳳於1930年加入左聯，從這一面看他是左翼作家，進
> 步青年。但這個人另外還有一面。他住在姊姊家裡，而他
> 的姊夫是潘公展的部下，在市教育局當督學。潘公展是教
> 育局長，負責控制上海文化事務。葉靈鳳由姊夫的關係，
> 常常很早就知道一些國民黨的文化動態，因此就有人懷疑
> 他是打入左聯的文化特務。後來，和他共事的時間長了，
> 摸清了他的情況。其實他和國民黨沒有組織關係，不過自
> 以為消息靈通，在兩邊說話，失於檢點。但他畢竟沒有出
> 賣或陷害革命同志。潘漢年每次化裝來滬，總是到編輯部
> 來找他。也許他還為潘漢年做過一些事。

墾荒者

　　上海淪陷後，葉靈鳳隨《救亡日報》遷至廣州。1938年，他移居香港，直到1975年病逝，37年間，他視香港為自己的第二故鄉。

　　不少人喜歡說香港是文化沙漠，其實不然。別的不說，香港有金庸、梁羽生、董橋、高伯雨、葉靈鳳、徐訏、倪匡等一大批著名文化人，既有參天大樹，也有花花草草，無論從哪個角度看，香港的文化生態都是一片茂密的森林。

　　香港文化研究者小思先生說：「在搜集資料過程中，發現葉靈鳳在香港三十多年，除了在30年代末期較為活躍外，愈往後期，就愈低調。」30年代末期，葉靈鳳才30多歲，青春的黃金時期，渾身上下充滿了活力。況且，30年代末香港「學士台」聚集了戴望舒、穆時英、杜衡、徐遲、郁風、葉淺予等現代派作家群，還有茅盾、夏衍、樓適夷、許地山、歐陽予倩、端木蕻良、蔡楚生、袁水拍等一批左翼作家，群星璀璨，葉靈鳳活躍其間，展現了他的蓬勃身姿。過了40歲以後，人生進入中年。按香港作家董橋的說法，中年是下午茶，是雜念越想越長，文章越寫越短的年齡。「數卷殘書，半窗寒燭，冷落荒齋裡」。這是中年。

　　另一位香港文學研究者盧瑋鑾女士，在寫作〈葉靈鳳在香港〉一文時搜集資料的過程中發現，漫漫三十多年歲月，葉靈鳳除了編輯副刊、寫作專欄外，鮮見有其他「拋頭露面」的活動。

　　40年代以後的葉靈鳳，心情略帶點憂傷，日子也過得寂寞。經歷了太多的人和事，他似乎參透了人生，有種「結束鉛華歸少年，摒除絲竹入中年」的況味。他的諸多好友像遷徙的大雁紛紛飛走了，自己只能苦守在書齋裡，寫點文字，編點稿子，構築自

己的文字迷宮，以此抵禦漫長歲月的浸蝕。

　　有一天，他的好友戴望舒收到一封信，是端木蕻良從廣西桂林寫來的。信中說了他近日在國內的情況，末尾委託了一件事：不知道他親手葬在香港淺水灣的蕭紅墓被風雨浸蝕得怎麼樣了？請左嵌右掇兄台前往探視一下，云云。

　　蕭紅是出生於黑龍江的女作家，被譽為「30年代的文學洛神」。她生前有個願望，希望能葬在一個面向大海的風景區。蕭紅病逝後，丈夫端木蕻良選定了香港風景最好的淺水灣作墓地，將蕭紅的骨灰埋進去，蓋上土後，又用石塊堆了個墳包，上面插了塊木牌：蕭紅之墓。

　　曾經有一度，戴望舒被日本人抓捕入獄，監獄中放出來後，臨時住在葉靈鳳家裡。收到那封信後，他邀約葉靈鳳一起前往憑弔。

　　當時還是戰爭時期，淺水灣仍被列為禁區，日本人防範甚嚴。在一位原與蕭紅生前熟悉的日本記者的說明下，他們好不容易才拿到了臨時通行證。經過六個多小時的步行，戴望舒和葉靈鳳終於找到了蕭紅墓。瑟瑟秋風中，這孤寂的一隅更是顯得落寞淒涼。他們在墓前獻上了一束山茶花，希望墓前的那一點紅，能給亡靈帶來些許熱鬧。

　　在蕭紅墓前，戴望舒口占了幾句詩：

> 走六小時寂寞的長途，
> 到你頭邊放一束紅山茶，
> 我等待著，長夜漫漫，
> 你卻臥聽海濤閒話。

葉靈鳳在〈寂寞灘頭十五年〉中回憶了那次行蹤：

> 我們去時距離她的安葬時期已經有半年以上，但是由於當
> 時的淺水灣是荒涼少人跡的，墓上的情形似乎並沒有什麼
> 改變。在一道洋灰築成的大圓圈內，有由亂石堆成的另一
> 個小圈，這就是蕭紅的葬處，中央樹著一塊三尺高的木
> 牌，寫著「蕭紅之墓」四個大字，墨色還新，看來像是
> 端木蕻良的手筆。當時我們放下帶去的花圈，又照了兩
> 張相。

15年以後，到了1957年，淺水灣的蕭紅墓已經被糟蹋到令人
難以忍受的地位，一群文化人奔相走告，商議要籌劃一個對策，
阻止這種令人痛心的狀況繼續發展下去。大家認為，葉靈鳳是十
五年前見過蕭紅墓原狀的唯一見證人（戴望舒已病逝），讓他率
頭出面呼籲。

蕭紅31歲的時候離開這個世界，臨死前她在一張紙片上寫
道：「我將與藍天碧水永處，留下那半部《紅樓》，給別人寫
了。半生盡遭白眼冷遇，身先死，不甘，不甘。」想到那淒涼的
一幕，他感覺特別揪心。回想蕭紅生前，常將兩根小辮梳成釘錘
形，有時還將辮子盤在頭上，透出一種古典美。蕭紅愛穿鑲著金
邊的長旗袍，偶爾也穿駝色西服……想起這些，葉靈鳳不由得悲
從中來。

葉靈鳳在〈寂寞灘頭十五年〉中寫道：由於蕭紅墓地不是
指定的墓葬區域，又太接近沙灘，要保存下去很難。今年七月，
這地段忽然要開始一些建築工程，而且已僱工開始拆遷，「恰巧
這時中國作家協會廣州分會已經有信來了，他們已經接受端木蕻

良的委託,擬將蕭紅的骨灰掘出來再想遷葬的辦法。」但是在香港,開掘墓地遷移骨灰需要事先領取執照,經過多日奔走,終於在7月20日拿到了那張執照。

7月22日,現場經過五個多鐘頭的忔工發掘,終於讓寂寞灘頭15年的蕭紅骨灰再見天日。8月3日,葉靈鳳等人將蕭紅骨灰護送至深圳,交給前來迎接的廣東省作協代表。交接的那個瞬間,葉靈鳳心中暗自禱祝:「魂歸樂土,看山河壯麗,待與君同!」

進入50年代後,葉靈鳳把自己關在家裡,每天所做的唯一事情就是讀書和寫作。作為一個作家,葉靈鳳晚年的寫作完全超越了「純文藝」這一狹窄的範圍,年輕時他寫過不少小說,如今他的筆觸伸向了更廣闊的領域。據研究者分析,葉靈鳳的寫作大體上分為三大類,一類是讀書隨筆,一類是香港掌故和風物,一類是抒情小品文。這三大類,他均取得了不俗的成績。

葉靈鳳還有個嗜好:愛藏書。他不說自己是藏書家,而說自己是愛書家。他住的整幢房子都是他的書房,書房裡有書,客廳裡有書,臥室地上也堆滿了書,甚至他子女的房間,也是他的「藏書殖民地」。在他那個書的神祕城堡裡,朋友們不清楚他究竟有多少冊藏書,只知道他是一個讀書讀得非常多的人。據他夫子自道:「我讀書讀得很多,一天要同時讀幾本書,讀了歷史或學術的著作之後,接著就改讀小說或是筆記……許多較枯燥、卷帙很繁重的書,都是在這樣的情況下順利讀完的。」

1975年11月23日,葉靈鳳病逝於香港養和醫院,享年71歲。

徐訏：雲梯通往天堂

徐訏（1908—1980），浙江慈溪人。童年涉獵《三國演義》、《紅樓夢》和《野叟曝言》等作品，也看了一些林譯小說。1933年北大哲學系畢業，轉該校心理學系讀研究生。北大讀書時發表短篇小說〈煙圈〉。1934年在上海任《人間世》月刊編輯。1936年赴法國巴黎大學修哲學，獲得博士學位。隨後定居上海，直到1950年遷至香港。後曾任香港中文大學教授、香港浸會大學文學院院長等職。他小說、散文、新詩、戲劇樣樣精通，畢生作品總計兩千餘萬字，著作等身。林語堂說，徐訏與魯迅可並肩堪稱20世紀中國最偉大的作家。

徐訏的小說作品有其鮮明的個人風格，故事大多以奇遇、奇人、奇事為主，愛情淒美，情節緊張。他的中文功底深厚，文字極其清麗奇詭，然而並不堆砌辭藻，尤其是對女子、山林、夜晚的描寫，莫不令人如冰室觀火，過目難忘。在海外的遊歷使他的小說創作充滿了異域風情和奇幻色彩，他的故事不局限與上海或香港，也發生在阿拉伯海或歐洲大陸；主角既有尼姑和尚，也有吉普賽女郎。他的小說做法是西洋的，內裡是中國的，《精神病患者的悲歌》中心理分析的部分處處可見希區柯克的影子，哪一國的讀者讀起來，都不會覺得生疏。在許多作品中，他探討生與死的界限，討論哲學和心理學，結合傳說、幻覺，表達對神、佛、自然力的敬畏和體驗。

徐訏的小說，雖然故事都是「傳奇」一類，但並不流俗，更不媚俗，而是清雋脫俗，彌漫著一股子仙氣。這一點是極為難得的。一個同樣的故事，有的人寫出來是地攤小說，有的人寫出來

是大雅之作，中間的界限又哪裡能說得清呢！我們埋頭在市井的書店裡，看了多少庸俗的故事，卻不知道這樣一個世外高人的傳奇正在歷史的角落裡等人重新發現。如今，雖然知道徐訏的人不多，但看過他文章的必定上癮。

1980年10月5日，徐訏病逝於香港律敦治療養院，享年72歲。這位命運坎坷經歷奇特的作家曾經自謙：「長長的一輩子，除了寫書、出書外，好像什麼也沒有做。」其實，對於任何一位優秀的作家來說，能做好這些就已經足夠了。

漂流

1927年是中國現代史上的一個重要年份。這一年，國際共產運動正在中國如火如荼地進行中，尤其是南方，由朱德領導的南昌起義和毛澤東領導的秋收起義先後爆發，紅色根據地井岡山應運而生，時代浪潮風起雲湧，套用一句人們熟悉的話說：偌大的中國，再也放不下一張安靜的課桌了。

高挑的個頭，清雋的面龐，略帶憂鬱的眼神……徐訏這個一臉書卷氣的美男子，雖然身處的地理位置上海也屬於中國南方，卻並沒有受到革命思潮太多影響。1927年春天，他報考了北京大學，錄取名額甚少，只有8個人，放榜那天，徐訏十分緊張，他踮著腳擠在人群中看榜，順著名字往下數，第四個就是自己。心裡「咚」的一聲，久久懸空的一塊石頭落地了。

對於19歲的徐訏來說，北京大學的一切都充滿了新奇。比如說吃飯吧，北大附近有許多小飯鋪，每天中午以及傍晚，學生去小飯鋪裡賒帳吃飯，等錢賒到30塊時，墊付5塊錢，又可以繼續賒賬一段時日。北大附近的小飯鋪很多，西齋門前一爿，東齋門前一爿，二院門前兩爿，一院對面也有兩爿……一共十三爿。如

果依次賒賬吃飯，可以支援一星期。若干年後，徐訏仍在懷舊文章〈北大區裡的小飯鋪〉裡津津有味地回憶道：「許多舊同學現在做了廳長、縣長、校長，或者是更大的官爵與更有名的學者了，可仍然還是他們的債務人呢！」

實際上，此時的南方青年徐訏，更迫切需要的是精神食糧。

徐訏的父親徐韜是清朝光緒年間的舉人，擔任過北洋政府的財政祕書和上海中央銀行的幹事，從家境上說，徐家應該算是個殷實人家。但是徐訏11歲隨父親離開故鄉到上海，寄寓在天主教聖方濟中學裡讀書，父母長期分居，徐訏極少能感受到家庭的愛與歡樂，伴隨他的是永恆的孤獨和寂寞。一般而言，這種環境中成長起來的年輕人要比其他人敏感，他們內心裡充滿了熱情與渴望，表面看上去卻顯得比較木訥。

那時候北京大學校園裡群星璀璨，徐訏夾著課本，去聽胡適、陳寅恪、金岳霖、陳大齊等等青年教授們的課。不過，徐訏當時的興趣點並不在於此，他認為北大青年教授的講課水準並不怎麼樣，對他沒有足夠的吸引力。他把主要精力全都花在了讀書上，讀書的快樂給了徐訏從未有過的滿足。他後來回憶說：「我讀書博雜不專，偏偏閱讀多了，常識豐富，偶爾教授們說了外行話，我就覺得他們幼稚。年少氣盛，很有點瞧不起他們。」

最開始的時候，徐訏常常依偎著火爐讀書。為了節省煤球，他把讀書的地方移到了床上——擁著一床棉被，埋頭苦讀。這一習慣後來他一直保持了終生，他稱自己的這種讀書方式為「溫暖而又可怕的陷阱」。徐訏最喜歡讀的是哲學書，從康得、佛洛德到馬克思，他恍若駕著一葉獨木舟漂流在海洋上，逐一去拜望那些風光旖旎的陌生島嶼。

最讓徐訏著迷的是馬克思主義。如他自己所說：「我進大

學的時候,正是馬克思主義初興之時,因為正是知識欲旺盛之年齡,每出版一本書,無論文字多麼生硬,總是借來買來,從頭把它讀完。」徐訏不僅如饑似渴地研讀馬克思主義,而且沉醉其中,身體力行,將學校所指定的其他參考書一概斥之為「資產階級反動思想」;他還努力克服自己身上的小資產階級「劣根性」,每當內心對馬克思主義的信仰不那麼堅定的時候,靈魂深處就會泛起一種犯罪感。

徐訏希望成立一個組織,名稱都已經擬好了:左翼心理學家聯盟。當時和徐訏一起聯合行動的有四、五個青年朋友,其中以年齡比徐小2歲的姚雪垠最為積極。姚雪垠來自河南農村,其時已發表過一些反映農村生活的短篇小說。姚雪垠信心十足地對徐訏說,他認識左翼聯盟的人,成立組織時應該請他們來,給一點指示以及「承認」云云。徐訏頻頻點頭,認為姚雪垠說得在理。那年月他們對成立組織充滿了熱情,卻並不懂得其中的實際意義。

有一天,四、五個青年人在徐訏租住的寓所裡召開成立大會,進來了一位陌生的面龐,也是個年輕人,自稱左翼聯盟的特派員。那位特派員既不談理論,也不談成立組織的具體方法,神氣十足地指示道:你們先把組織成立起來吧,成立以後再和我聯絡。特派員坐了10來分鐘便走了,四、五個青年人在一起議論了一會,也不知該如何行動,感到有點迷茫,隨後也作鳥獸散。

不久,姚雪垠被他所在學校以「思想錯誤,言行荒謬」為罪名開除,從此結束了學生生活,漂泊到北平等地以教書、寫稿為生。徐訏對馬克思主義的熱情也開始下降,那個「左翼心理學家聯盟」自然也就胎死腹中了。

徐訏所處的時代是人類歷史上最為動盪不安的時代。這是一

個理想主義的時代，同時也是理想主義受挫的時代。徐訏自稱是
這個時代的「失敗者」，他說：

> 像我這樣年齡的人，在動亂的中國長大，所遭遇的時代風
> 浪，恐怕是以前任何中國人都沒有經歷過的。我們經歷了
> 兩次中國的大革命，兩次世界大戰，兩個朝代。這短短的
> 幾十年工夫，各種的變動使我們的生活沒有一個定型，而
> 各種思潮使我們的思想沒有一個依賴……我同一群像我一
> 樣的人，則變成這時代特有的模型，在生活上成為流浪
> 漢，在思想上成為無依者。

　　所謂「思想上成為無依者」，意即他是個沒有組織的人。徐
訏在精神上漂泊了一生，在各種思潮和主義中間徘徊流轉，卻從
未被任何一種思潮和主義帶走。如他自己晚年所言：「只是被衝
擊了一陣，還是在茫茫大海中漂流著。」徐訏與馬克思主義的蜜
月期比較短暫，他在〈我的馬克思主義時代〉中說：「20歲的時
候，的確是共產主義的信徒，但到了27歲，才真正擺脫了共產主
義的枷鎖。」

　　徐訏說，時間只是人類的幻覺。在他看來，人世間的一切事
件都是發生在同一平面上的，而人世之外另有一層永恆的宇宙之
光。他的精神漂流，也只是人類某個個體的奇異幻覺罷了。

婚變

　　徐訏喜歡哲學，一生都沉浸在對自己的人生際遇進行形而上
的思考中。他認為每個人的生命都有多種可能性，命運藏在不可
知的偶然裡，難以捉摸。

　　徐訏從小生活在舊式家庭，後來隨父親來到上海，長期在教會學校裡讀書，受單調刻板環境的浸染，使他有點自卑，覺得自己是個與文學藝術格格不入的人。一個偶然的機會，徐訏接觸到繪畫，迅速發生了濃厚的興趣。繼而他又狂熱地迷上了音樂，成為法國人德西彪的忠實信徒。十分奇怪的是，後來徐訏既沒有選擇繪畫也沒有選擇音樂，而是孤獨地走上了文學之路。

　　徐訏心中有一個文學夢的天堂──那個地方是法國巴黎。

　　20世紀20年代，美國人海明威懷惴著成為偉大作家的夢想抵達巴黎，融入到以格特努德・斯泰因為中心的文學沙龍裡。後來海明威寫了本小冊子《流動的盛宴》，回憶巴黎生活的艱辛、歡樂與愉悅。海明威在扉頁上寫道：「假如年輕時你有幸在巴黎生活過，那麼你此後一生中無論到哪裡，她都與你同在，因為巴黎是一席流動的盛宴。」

　　書頁中到處晃動著龐德、喬伊絲、愛倫坡、畢卡索、菲茨傑拉德等等文學藝術大師們的身影，這讓年輕後生徐訏嚮往不已。一杯咖啡，一本筆記簿，海明威就能在咖啡館裡寫上一整天。巴黎那時候像一幅純粹的靜物畫，剎那間釋放出了燦爛無比的光芒。他似乎聽見海明威微笑著說：「整個巴黎是屬於我的，而且屬於這本筆記簿和這支鉛筆。」這樣的日子，不正是徐訏所要的生活麼？

　　到巴黎去！徐訏心中激蕩著迷戀與狂熱。他寫了封信給上海的父親，明確提出了要去法國巴黎留學的願望。沒過多久，他收到了父親的回信。父親對他想去巴黎留學的願望並不反對，但是說了一條：不孝有三，無後為大，你現在已到了談婚論嫁的年齡，即便要去留學，也應該先結了婚再定。

　　父親的信中還夾了一張照片。那個女孩子叫趙璉，祖籍杭

州，比徐訏小5歲。說起來，徐訏與趙璉原本是認識的。不僅認識，關係還十分親密。他們是在寧波認識的，兩人曾經赴城外的湖泊上划船，彼此心中蕩漾著甜蜜的愛意。只不過，為了圓自己的留學夢，徐訏此時並不想讓自己沉浸在愛情的漩渦中。

仍然抵不過家庭的反覆催逼，1934年，徐訏在寧波老家與趙璉正式拜堂結婚了。據說，徐訏與趙璉結婚時曾向魯迅求過兩幅字。魯迅所錄的兩幅字分別是唐代詩人李賀以及南宋名士鄭所南的詩句。徐訏索之十分珍愛，將它們裝裱成軸，掛於他當時寄居的上海寓所客廳裡。

徐訏與趙璉結婚後，還是履行了他的初衷——去法國巴黎留學。1936年秋天，徐訏背起行囊，辭別心愛的妻子和兒女，獨自踏上了遠涉重洋赴法留學的征程。兩年後，徐訏留學歸來，回到上海，與家人團聚。

關於徐訏與趙璉的這段婚姻，海派女作家蘇青在《結婚十年》中曾有詳細的描述。蘇青這樣寫道：美婦人趙璉是個活潑摩登的女性，彷彿成天在笑的漩渦中打滾，一眼看上去，像是個不識愁滋味的天真少女。

蘇青原來就與趙璉熟悉（趙是蘇青五姑母教的女學生），趙璉與徐訏結婚後，住的地方就在蘇青家附近。蘇青那時候迷上文學，愛到徐訏家去借小說看，每次去了，趙璉都待她很親熱，兩個人站在院子裡，有一搭沒一搭地搭訕。趙璉經常對蘇青訴苦，說她丈夫徐訏是個書呆子，只知道讀書寫作，不懂得柴米油鹽，和他在一起生活實在太沒有樂趣。徐訏還有些不中用的狐朋狗友，天天泡在一處胡吹胡侃，又不能當飯吃，那有什麼用呢？有一天，徐訏在朋友家談得高興了，接連兩個日夜不回家，也不打個電話通知，害得趙璉一個人在家裡提心吊膽。說到末了，趙璉

掉下了眼淚，說道：「這輩子嫁給他，算是倒楣透頂了。哪裡像你，嫁了那麼好的一個先生，又會賺錢，又懂生活的情趣……」

閒暇無事的日子，蘇青將這個情景講給丈夫李欽后聽。李欽后似乎對趙璉頗感興趣，笑吟吟地對蘇青說：「你若喜歡同徐太太來往，請她常到我們家來玩吧。茶水點心款待得客氣點。這樣一來，你的生活也多一些樂趣，不會再覺得無聊。」蘇青是個單純的人，她喜歡熱鬧，把丈夫這話當聖旨看，每逢家中冷清的時候，就去邀約趙璉來家中做客。

誰能猜得到後面的故事呢，久而久之，李欽后和趙璉混到了一起，他們偷偷摸摸約會，進飯館，下舞廳，故事演變到最後，李欽后竟然搞大了趙璉的肚子。

故事中的兩個家庭，先後以離婚為結局。對於這個結局，蘇青似乎看得很透，她說：「一般藝術家，也包括文學家，恐怕都是不大可靠的。因為他們一來太愛自己的作品了，對於別的東西便少了真情；二來他們的幻想太多，常常把事情想像得天花亂墜，實際上卻不大會愛人。說到底，他們都是自私自利的。」

1941年8月，徐訏與趙璉在上海離婚。之後不久，徐訏背井離鄉去了抗戰大後方重慶。對於自己與妻子趙璉的那段感情，徐訏始終依依不捨。雖然從此他再也不願提及趙璉的名字，但是暗地裡卻寫了不少詩，懷念他曾經熱戀過的前妻趙璉。其中有一首〈點化〉中寫道：

> 如今我悟到寥落的春夢，
> 才是我過去的生命，
> 是你閃耀的光芒，
> 使我在青天下清醒。

1943

　　徐訏與趙璉離婚時是戰亂時期，日本人攻佔上海，無數中國人正在苦難的大地上顛簸流離。按照徐訏最初的想法，他還是想留在上海，靠寫稿來維持生計。他從骨子裡熱愛文學，做夢都想寫出更多更好的作品。

　　但是有一件事，改變了徐訏的生活痕跡。

　　有一天，一位多年不見的朋友忽然前來探望徐訏。朋友臉上的神情很神祕，說有重要事情商量，並且事先提醒：無論他是否應承，都不許告訴別人，否則說不定會有性命之憂。那位朋友低聲說，有日本方面負責文化工作的人，想請徐訏出面主持文藝活動，金錢待遇上絕不會虧待。徐訏聽了大吃一驚，他不能答應，又不能當面拒絕，支支吾吾地回答說：自己現在剛剛離了婚，情緒苦悶低沉，每天都泡在舞廳裡跳舞，要不就到跑馬場去賭博，暫時沒有做任何事的心情。

　　那個朋友說：暫時不想做事也行，等你心情好些了，我再來。這個戰爭呢，不是短時期能結束的，何況，你一介書生，經濟上並不是太富有。

　　過了幾天，那個朋友果然又上門來了。勸說了一會，徐訏表面上有點心動。遲疑不決地說：等幾天吧，我再考慮下。

　　那個朋友走後，徐訏思來想去，擔心那人再來勸說自己無法應付，於是選擇了離開上海。

　　1942年5月3日早晨，徐訏跟隨一家旅行社走上了逃亡之路。

　　徐訏這次逃亡，從浙江金華乘火車到達江西鷹潭，然後轉乘汽車過金溪、南城、寧都、銀坑、泰和，到達湖南衡陽，接著又到了廣西桂林。整整一個多月的艱辛行程，其間的輾轉奔波讓人

刻骨銘心。

　　在桂林生活了兩三個月，1942年9月，徐訏從桂林直達重慶。由時任國立中央大學師範學院國文系主任的伍叔儻先生介紹，擔任國文系兼職教授，並在中央銀行做兼職工作。

　　正是這段相對穩定的生活，為徐訏的文學創作提供了環境和心情。在重慶一個名叫「湖北旅館」的小客棧裡，一張破舊的八仙桌上，平攤開一本朱紅色精裝的「新生日記」，徐訏沉思良久，翻開第一頁，徐緩地寫下了三個大字：「風蕭蕭」。

　　每個白天，徐訏都要到中央銀行去簽到，上班時間並不算太忙，喝茶、聊天、看報紙，日本飛機經常飛到重慶上空，躲警報成了徐訏最盼望的時光。那樣的日子他可以早退，穿過一條條小巷，回到空氣渾濁的「湖北旅館」裡，埋頭寫作長篇小說《風蕭蕭》。

　　1943年3月，《風蕭蕭》開始在《掃蕩報》上連載。雖然徐訏對即將到來的巨大成功毫無心理準備，但是巨大的成功依然不期而至。《風蕭蕭》一經面世，《掃蕩報》立刻洛陽紙貴，重慶過江的輪渡上，幾乎人手一紙，人人捧讀，先睹為快。不久，這本書由成都東方書店出版，很快風靡了大後方，被列為「全國暢銷書之首」，1943年也因此被人稱作「徐訏年」。

　　儘管徐訏後來把《風蕭蕭》的巨大成功歸結為「偶然事件」，他對這部小說並不滿意，認為「這本書並沒有寫好，至少沒有我後來寫的東西好。」但是這絲毫不影響成千上萬的讀者對這部作品的瘋狂喜愛和追捧。

　　作家吳義勤、王素霞在《我心彷徨──徐訏傳》中分析說：《風蕭蕭》成為那個時代的經典並不是偶然的。這與戰時人們的心態有關，更與小說神祕的風格、生動的故事和強烈的生命情緒

有關。《風蕭蕭》中的男主角是獨身主義者、哲學研究者徐。這個人「一方面厭憎繁榮的都市，另一方面又醉遊於都市的繁榮」，他既嚮往寧靜雅致的書齋生活，又常常無法抵禦現代都市中霓裳豔影的世俗荒唐，這種主人公生存的悖論給予讀者極大的閱讀興趣。有人說徐訏是現代中國最會編故事的小說家，《風蕭蕭》確乎提供了這種特證。小說情節極富生動性和傳奇性，故事曲折、纏綿、驚險、奇特，成為經典暢銷書合情合理。

愛是不能忘記的

《風蕭蕭》帶來的成功，使徐訏一下子陷入到大紅大紫的明星狀態。

徐訏小說中的男主角大多是受過西式教育的知識分子，他們相貌出眾，談吐文雅，風流倜儻，現實中的許多女讀者常常按圖索驥，認為徐訏小說中的男主角是作家的自畫像（確實也有些相像）。有一段時間，徐訏每天都能收到筆跡娟秀的信件，從青春靚麗的女大學生，到風韻猶存的家庭美少婦，看著那些信件和照片，徐訏猶如行走在山陰路上的過客，沿途的綺麗風景讓他應接不暇。還有些更加大膽的女子，隔三差五主動地找上門來，弄得徐訏措手不及。

據吳義勤、王素霞在《我心彷徨——徐訏傳》中介紹：那段歲月，在徐訏的記憶中，好像夢一樣，充滿了浪漫與溫馨，是他一生中最幸福最愉快的時光。他從那些女子中選擇了一位談起了戀愛，兩人關係發展得非常迅速。等到了談婚論嫁的時候，正趕上他受《掃蕩報》委任要去美國。婚姻與事業發生了衝突，徐訏十分矛盾。有一天，他當著中央銀行經濟研究處同事陳封雄的面，以抓鬮論取捨，結果抓到的是「婚」字。徐訏連連搖頭，說

道：「不行，不行，這事還得考慮……」在婚姻與事業的權衡中，徐訏最終還是選擇了事業，1944年，他隻身漂洋過海到美國威斯康辛去了。

徐訏曾經夫子自道，他「是一個笨拙呆板，疏懶冷淡，既怕敷衍又怕應酬的人，所以很多認識很久的人，往往還是很生疏。」他稱自己胸中沒有什麼大志，既不羨慕富貴，也無意於榮華，是一個企慕真、企慕美的人，只是想在寧靜的鄉村裡，過一種質樸簡單的生活。

在與女子相處的關係上，《風蕭蕭》中的那個男主角的自白十分能代表他的心跡：「一個獨身主義者的愛情，永遠是精神的，也永遠是不專一的。」徐訏一生愛過若干女子，可是到晚年他反思：「我忽然發覺自己沒有愛過一個人，愛的只是我自己的想像。也沒有一個人愛過我，她們愛的也只是自己的想像。」

徐訏生命中的第一次愛情發生在他11歲。徐家有一位名叫殷三姑的女傭，當時23歲，每天早上7點至8點教徐訏讀書。在殷三姑的引導下，「我也被拉著用功起來，那年中學一年級的考試，我考了第一，從那刻起，我與她很奇怪的成了非常好的朋友，或者說她確確實實成了我的大姐。」少年時代朦朧的男女之情愛像春天的嫩芽，點綴了徐訏兒時記憶的風景林。許多年後徐訏寫了篇小說〈時間的變形〉，坦誠地剖白了自己的心跡：「那時候我已經開始注意女人了，我免不了暗想，如果她年輕十歲，做我的太太不是很好麼？」遺憾的是，無論從哪個角度看，他與殷三姑之間都存在著太大的差距，殷三姑的結局也讓人唏噓，最後並沒有和任何人完成婚姻，而是去了尼姑庵。

在法國巴黎留學期間，徐訏與日本女作家朝吹登水子的愛情故事也十分引人注目。朝吹登水子是日本文壇的一位著作等身的

女作家，她與諾貝爾文學獎獲得者薩特及波伏娃等人是知交。

　　好友鮑耀明曾經寫過一篇文章〈想起徐訏〉，描述過他們之間的那段戀情：1937年12月一個星期五的下午，徐訏與朝吹登水子在塞納河畔的一家咖啡館中相遇，一段戀情由此萌發。認識朝吹登水子不久，徐訏患了一場重感冒，每天躺在病床上默默思念著遠方的異國戀人。他在病中寫了一首詩〈偷望〉：

　　　　我奇怪，今天那分異樣的憂鬱，

　　　　在我的靈魂深處浮起，

　　　　不知道它的來源，也尋不出它的根，

　　　　它把我的心蝕成了殘缺。

　　　　我希望天黑，不願今夜有月，

　　　　幽暗中，我要偷望你的窗簾動處，

　　　　有一縷燈光或者會交給我，

　　　　你的影子，填補我心頭的殘缺。

　　徐訏與日本女作家朝吹登水子的這段愛情，並沒有結出任何果子。朝吹登水子回國後，無法忘懷與徐訏的愛情，晚年寫了一部自傳體小說《愛的彼岸》（1987年湖南人民出版社出版中譯本），至此，徐訏在法國巴黎的戀愛故事才在世人面前露出了一些端倪。

　　據吳義勤、王素霞在《我心彷徨——徐訏傳》中透露，1944年，徐訏擔任《掃蕩報》特約記者被派駐美國威斯康辛期間，與一位猶太少女發生了濃郁的愛情，每當夜色降臨之際，徐訏都會在自己的住所等候她的到來。而每當猶太少女離去的時候，徐訏

總會長久地回味與她在一起的美好時光。

那段時間她為猶太少女寫過許多詩，其中有一首〈還未衰〉云：

你把我記憶送走，
把我想像喚來，
你還叫我背著良心，
承認渾圓的地球都是愛。

我開始把冬天作春，
在冰雪中尋花開，
還把荒誕的夜當做真，
信神話裡仙子的存在。

於是你鼓動俏皮的嘴唇，
說五更時良宵還未衰，
我應當把饑寒忘去，
含笑地在窗前等待。

回國的日子愈來愈近了。雖然徐訏也想到過與猶太少女結為夫妻，但異國異族的差異總是在不斷地提醒他，這一度讓徐訏十分痛苦。愛情是美好的，但是一涉及談婚論嫁，徐訏的心目中有個神聖不可侵犯的領域：必須娶本國本族的女子才是正宗。異國異族的女子，不可能認同中國人的生活方式。在感情與理智之間進行痛苦抉擇的結果，是放棄那段雖然美好但不會有結果的愛情，1946年8月，徐訏告別威斯康辛回到了上海。

徐訏的一生雖然有許多次愛情，但他並不是一個到處拈花惹草的浪蕩公子，對於每一段戀愛，他都曾付出了真摯的感情。赴美國威斯康辛之前，他經歷了與第一任妻子趙璉離婚的風波，心靈中的創傷尚未完全治癒。奔赴美國本來就有治療愛情傷痛的初衷，但是與猶太少女沒有結果的戀情，反而把心靈中原有的傷痕加倍放大了。回到上海，徐訏心中的苦悶、感傷與失落是可想而知的。

然而，在上海生活的那段日子，徐訏那顆傷痕累累、無所依傍的心靈，卻因為兩位女性的闖入，重新獲得了活力與生機。

第一位女性是京劇名家言慧珠。言慧珠身高一米六五，削肩長頸，柳葉眉，高鼻樑，小方口，一雙俏目，顧盼神飛。按作家章詒和的說法：「是個誰瞧上一眼，就能記一輩子的女人」。

40年代，言慧珠在滬上紅極一時，有京劇皇后之稱。言慧珠讀過徐訏的《鬼戀》、《風蕭蕭》等小說，她鍾情於作家筆下的人物和異國情調。當時有製片人想將《風蕭蕭》搬上銀幕，托人找到言慧珠，言慧珠大喜過望，從此與徐訏認識，如影相隨。徐訏對言慧珠也傾心相愛，讚她是「一代尤物」，珍惜有加。他們成雙入對出現在上海的舞廳裡，鬧得小報上出現了兩個人的緋聞。徐訏還專門為言慧珠量身改編了一個新戲本《迷信家庭》，在滬上演出後引起了轟動。據說，言慧珠曾經隨徐訏一起回他老家住過一段時間。然而，就在言慧珠滿懷欣喜地等著徐訏求婚的時候，等來的卻是他的一封絕交信。

這事有點蹊蹺。不知道徐、言之間究竟發生了什麼？但是縱觀徐訏後來的言行，他對言慧珠的友愛始終是相伴終生的。後來，言慧珠嫁給了京昆藝術家俞振飛，「文革」期間，一場批鬥會後，言慧珠懸樑自盡。徐訏聞及此事，在台北《文藝月刊》上

發表了一組紀念詩歌，其中有一首〈慧珠〉寫道：

> 那不過是傳說，不過是傳說，
> 在春天，在夏天，在秋天，
> 在沒有冬天的歲月中，
> 那生活都是夢！都是夢！
>
> 有許多死的消息，我傷心，
> 有許多死的消息，我憤怒，
> 有許多死的消息，我憐惜。
>
> 而旋轉了絲網中的
> 蜘蛛，活躍於方寸之地，
> 那空間比時間更殘酷；
> 愛比恨更無情，
> 夢比現實更惡毒，
> 聰敏的堅強的自殺了，
> 愚笨的懦弱的活下去……

　　徐訏在上海結識的第二位女性是葛福燦。葛小姐出生在一個書香世家，她的外祖父曾追隨孫中山參加過革命。有一段時間，葛小姐在徐訏的姐姐家當家庭教師，經過姐姐的介紹，兩個人認識。葛福燦小徐訏12歲，人長得十分漂亮。1949年初，41歲的徐訏與葛福燦結婚，人們都以為徐訏從此找到了幸福，他們將白頭偕頭，相伴終生。誰知僅僅過了一年，命運又發生了巨大的變化：新中國成立後，徐訏總是覺得自己和周圍的環境格格不入，

整天有一種提心吊膽等待審判的預感。到了1950年5月，徐訏決計離滬去香港，妻子葛福燦毫無保留地支持他。說好了徐訏先去香港，辦好了手續再來接妻女，孰料不久香港和內地開始控制通行，從此徐訏和妻女兩地永隔。

好友曹聚仁曾經寫文章紀念徐訏，他在文章中說，徐訏是個一生只專注從事於寫作的作家，他的生命與作品成為無法分割的東西。對於徐訏在兩性方面的交往，曹聚仁的評論也精闢異常：「幾乎每一女性，在他面前，都成為不設防的城市」。「他所交往的，都是外間的女性，那些對他發呆的女生，等到和他做了朋友，也就淡下去了。因此，他和那麼多的女朋友，只是行雲流水，過眼雲煙，沒有交誼上的深度。那些女朋友之與徐兄為友，也就像胸襟上插一枝新型別針一般，是一種可愛的裝飾品。所以，午夜過後，咖啡喝完了，女朋友就送回去；他回自己的房間裡去，顯得十分寂寞，有些兒孤獨了！」（曹聚仁：《徐訏論》）

江湖行

作為三、四十年代聲名顯赫的作家，《鬼戀》、《風蕭蕭》等作品已經奠定了徐訏在現代文壇上的地位。本以為到了香港，靠自己手裡的一枝筆，不說風靡文壇，至少煮字療饑應當沒多大問題。殊不料，在被人稱作文化沙漠的香港，名作家的日子並不那麼好過，只能在夾縫中求生存。內地來的文人多，大家都要混口飯吃，雖然各種報刊光怪陸離，但是登載的多是政治、經濟、民生、八卦和市井瑣談。香港對徐訏完全是一副冷面孔。他到處投稿，多遭冷遇。徐訏曾經自嘲：十篇之中，六篇被退回，三篇從此遺失，只有一篇被登了出來，而那一篇肯定是附注「不計稿

酬」的那一篇。

徐訏首先必須上班掙錢，才能養家糊口。在香港的30年間，他當過報刊編輯、大學教師，辦過出版社、雜誌社。據徐訏曾經教過的學生回憶：「老師在課堂上是拘謹的，除了偶爾在黑板上寫上幾個名詞之外，便只管念著自己的講義，沉沉的聲音，沒有抑揚頓挫，也沒有一言半語的笑話，與其他老師授課的方式無異。課堂的空氣是沉寂的，課堂的時光，過得特別緩慢。但，只要鐘聲一響，場面便立刻改觀，氣氛便馬上活潑起來。」（黃瑞珍：《悼念徐訏老師》）

學生們愛和徐訏聚在一起討論人生的道理，探聽他當年留學歐洲的往事，提問此起彼伏，經常有數張嘴爭著發言。少年不識愁滋味，一個個卻偏偏喜歡強說愁。徐訏在一旁默默聽著，等到同學們說夠了，他才總結性地歎一口氣，皺眉說道：「唉，我才是這個世界上最苦的人！」

徐訏說的是心苦。晚年時，徐訏定居在香港觀塘的一處陋室裡，書籍占了整個房子的一半，家具倒顯得沒有幾件。他的第三任妻子叫張選倩，是將門之後，父親是黃埔軍校一期的學員。徐訏再婚後的生活，過得十分簡樸，甚至於稱得上窮愁潦倒。他曾經感慨地對朋友說：「一個人的社會地位和經濟地位不相稱，是件很痛苦的事情。」

徐訏自認為他的代表作是《江湖行》。這部洋洋灑灑四十餘萬字的長篇巨著，徐訏構思了三年，又經過五年的寫作與修改，才終於在1961年由香港上海印書館出版。寫過《中國新文學史》的香港作家司馬長風評論道：「《江湖行》尤為睥睨文壇，是其野心之作。」而對於徐訏來說，他正是寄希望予寫作這部長篇巨著，來為自己爭取一份最後的榮耀。

　　《江湖行》充滿了傳奇色彩，它所描繪的人物包括江湖藝人、歌影紅星、僧人尼姑、海盜小偷、土匪走私販……其背景小縣城到大都市，從淪陷區到大後方，以主人公野壯子的生活經歷為線索，串連起他與四位女子的多角戀愛，同時左嵌右綴，分頭描寫她們各自的奇特命運。這些奇人、奇事、奇情為長篇巨著塗上了一層眩人眼目、奇幻虛緲的神祕光環，讓讀者歎為觀止。

　　徐訏通過這部小說想要告訴人們的是：該得到的總會得到，該失去的終將失去，而得與失是相對的，不過是人類在某一時空交遇中所出現的幻象而已。人間沒有不謝的花，一切已經失去的無法重新獲取，往往你認為重新獲取的東西，絕不是你曾經失去的。

　　1980年10月5日，徐訏病逝於香港律敦治療養院，享年72歲。這位命運坎坷經歷奇特的作家曾經自謙：「長長的一輩子，除了寫書、出書外，好像什麼也沒有做。」其實，對於任何一位優秀的作家來說，能做好這些就已經足夠了。

無名氏：他在時間深處燃燒

　　無名氏（1917—2002），本名卜甯、卜寶南，又名卜乃夫，原籍江蘇揚州，出生於南京。中學未畢業，他就隻身去北京，旁聽於北京大學，上世紀30年代開始從事寫作。1943年，首次以「無名氏」為筆名發表小說《北極風情畫》，轟動一時。《北極風情畫》、《塔裡的女人》二書在海內外曾為中國新文學第一暢銷書，多年來各銷五百數十版，歷久不衰。1946年之後，長達15年的時間，他隱居在西安、重慶、上海、杭州等地，潛心創作《無名書》。這部煌煌巨著共七卷，260餘萬字，分別為：《野獸、野獸、野獸》、《海豔》、《金色的蛇夜》、《荒漠裡的人》、《死的岩層》、《開花在星雲之外》、《創世紀大菩提》。

　　然而，由於歷史的一度封閉和褊狹，這位40年代崛起的藝術天才被文學史遺忘了幾十年，他窮畢生精力創作的《無名書》也在完稿後，長期處於地下狀態。直至近20年，無名氏與他的心血之作才走出歷史的遮蔽，漸漸進入了現代文學史的視野，露出了廬山真面目。

　　無名氏一生的愛情與婚姻，也充滿了傳奇色彩。有人說無名氏是「一生都在戀愛的人」，在一些傳記作家筆下，無名氏是一位情癡，愛了一輩子，追求了一輩子，苦寫了一輩子。無名氏自稱他小說裡，愛情故事99%是真人真事，且是自傳性質。在《綠色的回聲》中，他寫了他和中俄混血兒劉雅歌的愛情故事；在《抒情煙雲》中，又把他跟大畫家趙無極的妹妹趙無華的戀愛公布於世……

　　對《無名書》的評價，向來眾說紛紜。有的說《無名書》是

國寶級的巨著，是中國但丁創作的《神曲》。也有的認為並沒有那麼高，甚至還有完全相反的評價，認為滿紙囈語，不堪卒讀。任何一個時代，任何一個社會，從眾從俗是最容易做到也最受歡迎的存在方式，而超凡脫俗是一種難得的品性，需要某種精神力量的支撐，否則，將難以抵禦世俗流弊的侵襲。《無名書》的追求，顯然與歷史潮流不合拍。其社會價值與革命現實主義主流文學差別很大。從某種意義上說，《無名書》對中國歷史的發展起著預示和警示的作用，它複雜深邃的內容和巨大的藝術探索的獨創性工作，需要時間讓人們慢慢認識和消化。

文學少年

人們說「少年」是個惆悵的詞。一旦開始回憶少年，無論鄉間野趣、錦衣玉食、還是放浪形骸，歲月都不再屬於自己，能說明的只是時間無情，生命的寶刀已開始生銹。

1946年秋，無名氏剛進入而立之年，他說自己的心已經老了。回憶起少年時光，他內心裡充滿了惆悵。「平生最不能忘情的，是外婆家和我的童年生活。」隔著幽深的時空隧道，那略微沙啞的聲音從遠方飄來：

> 田園的黃昏是甜柔的、默默的，人行在蒼茫的泥途上，似夜夢未醒，全身被一片迷離氣氛浸潤著，眼睛雖睜猶閉，遺忘了腳下的坎坷與崎嶇。夾道是淡金色的稻田，累累荒涼的墳丘，半畝長方的池塘，圍以頹唐的衰柳。憔悴的柳絲在茫茫暮色中惺忪著。這些景物對於我是一幀讀熟了的畫，閉著眼我也能指出畫中一草一木的位置。
>
> （無名氏散文：《逝影》）

　　無名氏，原名卜寶南，又名卜乃夫、卜寧，生於1917年1月1日，江蘇南京人。童年時代，無名氏久居揚州鄉間，和外婆在一起生活。在那裡他進了小鎮上唯一的一所小學，接受啟蒙教育。少年時光是寂寞的，無名氏在日記中寫道：「我從小就沒有完美的母愛，我從未領略過完整的母親的心，我多麼渴望有一隻母親的手來撫摸我啊！」

　　他的祖父原來是一名商販，沿著運河做小生意，後來落腳揚州，開了家布匹店。父親卜世良早年以行醫為生，他穿一襲長衫，由揚州鄉下到鎮江，再到南京，獲得了不小的成功，成了南京城裡的名醫。

　　無名氏在揚州鄉下讀完了小學四年級之後，回到南京父母親的身邊，進入中央大學附設的實驗小學讀書。從鄉下來到城市，無名氏並沒有不適應的感覺，甚至恰恰相反，校長見他的國文底子厚實，不到半年時間讓他連升兩級——從四年級跳到了六年級。

　　最讓無名氏出風頭的還不是這個。在實驗小學讀五年級的時候，無名氏寫了兩篇作文，一篇是〈夏天來了〉，另一篇是〈郊外遊記〉，國文老師十分欣賞，不僅在課堂上聲情並茂的朗讀了，還推薦到上海中華書局名下的《小朋友》雜誌。《小朋友》雜誌的主編是陳伯吹，讀過之後也很喜歡，當即安排在雜誌上發表。雜誌寄到了實驗小學，十一、二歲的無名氏成了學校裡的小明星。文學的種子在他心上發芽了，期盼將來有一天，開出鮮美的花朵，結出肥碩的果實。

　　他的二哥卜少夫曾經這樣評價四弟：「我們幾兄弟中，無名氏特別聰慧，刻苦用功，自小即有自我控制的能力。」其實呢，卜少夫這話只說對了前一半，說無名氏「自小即有自我控制的能

力」，顯然與實際情況並不相符。

　　暫且不說無名氏在對待情愛上自控力並不強（後面將會講到），他讀中學時發生的一件事，更是讓人感覺到這個叛逆少年的任性。

　　從實驗小學畢業後，無名氏進入三民中學讀書。那是所不錯的學校，當年許多黨國要人，都是從這所學校裡畢業的。此時無名氏十四、五歲，對文學的興趣漸趨狂熱，人坐在課堂裡上課，心卻高高飛翔在文學的天空中。他一邊寫作一邊投稿，到十六歲高中畢業那一年，他已經寫了一萬多字的短篇小說以及一大堆散文、雜文和時評，除了在校刊上發表外，還在天津《大公報》等報刊發表了不少。

　　意外事件發生在他高中畢業的那一年。無名氏讀書時各科成績優良，按理說只要他參加考試，有十足的把握通過。但是臨考試前，無名氏當眾宣布他不參加聯考，不參加的理由非常簡單：學校裡既有校考，又要聯考，如此重複考試，是對學生的摧殘。也就是說，無名氏的罷考是一種抗議。

　　然而，任何抗議都是要付出代價的。學校裡的紀律規定，如果不參加聯考，將拿不到畢業文憑。沒有文憑，幾年的書等於白讀了。無名氏的灑脫在那次「意外事件」中表現得淋漓盡致，他毅然決然地走了，像一隻孤雁飛向北方，成了北京大學的一名旁聽生。

　　無名氏後來的小說《野獸！野獸！野獸！》中，記錄了那次事件：

　　1920年，在N大城的S師範學校，發生一則類似石子投湖的小小事件：一個學生，在該校和它的附小前後讀過12年，臨畢業前一月，突然失蹤了。

在目前這個時代，當代英雄們為了滿足狩獵欲，已慣於用不動聲色的冷靜態度，拿千千萬萬人頭當足球踢，相形之下，一個平凡學生的平凡失蹤，自然構不上說是一種事件。但二十多年前，在少數師範學生的幼稚心靈裡，平日，一直背慣了「文憑為學生第二生命」之類的格言，對於一個讀過12年的同學臨屆畢業而忽然離校，多多少少，總不免產生一點小小驚訝。一個美洲阿拉斯加的掘金者，花費十年，才發現一座金礦，正當發掘，又陡然無故拋棄，在他同伴心裡，也會引起同樣驚訝的。

這個失蹤者叫印蒂，平素品學兼優，沉重穩健，很博師長和同學的好感。他的失蹤，顯然不是因為神經病、瘋狂、墮落、或犯罪。也不可能是被綁架。他走了，悄悄走了，事先未向任何師長和同學打招呼，事後也未留下一封解釋信。……就這樣，像大森林中偶爾掉落一片樹葉，這個年輕學生被一陣神祕風輕輕捲走了，沒有一點痕跡。

極地之光

無名氏的一生，愛慕傳奇，追逐傳奇，最後他自己活成了個傳奇。

30年代，當無名氏在北京城內埋頭讀書時，中國北方的局勢正在急遽地發生變化。偌大的華北，已不能安放一張平靜的書桌。無名氏回到南京，他聽見了日本侵略者進攻上海的隆隆炮聲。

有一天，他在《中央日報》一個不起眼的角落裡看見了一則啟事。國民黨中央宣傳部招聘一名編譯員，無名氏自忖通英、俄兩個語種，可以勝任，於是前往應聘。結果一試而中，他暫時擺脫了生活的窘境。

宣傳部招聘的所謂「編譯員」，實際上是書籍檢查官——替

政府審查各種等待出版的書稿。這份工作比較輕閒，但是枯燥乏味，並不是他想要的生活。幾經努力，無名氏換了個崗位，進入報界，擔任《立報》的戰地記者。

這個時期無名氏的重要收穫是寫了一批抗戰散文。香港著名文學評論家司馬長風提及他這一時期的抗戰散文時寫道：

> 他不遵守任何規格，要怎麼寫就怎麼寫；他不理睬任何教條，要說什麼就說什麼。活潑潑的一個人，整個的呈露在你面前，不但色彩鮮明，甚至連氣味都可聞到，這真是難以抗拒的魅力。

這一時期，無名氏更重要的收穫是結識了一批傳奇人物，他的生活也因此跨進了一個全新的領域。

無名氏結識的傳奇人物是一批韓國抗日志士，他們輾轉來到中國，在大後方西南重慶組成了韓國臨時政府。他們是金九、尹奉吉、李青天、李範奭等人。

在這批韓國抗日志士中，無名氏與李範奭最為投契。

李范奭的經歷，簡直是一本唐宋傳奇錄，光怪陸離，包羅萬象。

李范奭是韓國皇族的後裔，1901年出生在漢城龍洞宮。韓國淪陷後，他輾轉到了日本，後來又流亡來到中國。為著復國，李範奭努力學習軍事，進了雲南講武堂，與葉劍英將軍是同班同學。雲南講武堂畢業後，他去東北從事復國活動，出生入死，在抗日戰史中多次擔任前線指揮官。

無名氏與李範奭的第一次見面是在重慶吳師爺巷一號的大韓民國臨時政府所在地。在回憶錄中，無名氏寫下了當時的印象：

　　與李範奭一見面我就大吃一驚。主人（李）衣著隨便，上身穿高加索式圓領短袖白布內衣，下著一條短褲。讓我終身難忘的是他又大又硬的光頭，像黑溜溜的大炮一樣的眼鏡，以及閃著紅光的長臉，整個覺得就像是一座革命火山。從他豪爽熱情的東北地方口音中，似乎能聞到他身上散發出來的火山熔岩的味道。

　　1941年的整個冬天，無名氏作為韓國臨時政府的客卿，與傳奇人物李範奭同住一室，兩人意氣相投，成了莫逆之交。

　　吳師爺巷一號那幢小樓裡的房子，只有20平方米的面積，除了放置兩張床、一張桌子和一把椅子外，剩餘的空間十分窄狹，連轉個身都感到困難。不過這並不妨礙兩個人之間友情的生長。冬日漫漫長夜，李範奭打開了話匣子，口述他的戰爭故事和愛情豔遇。他一邊抽煙一邊講，煙蒂落滿一地。無名氏回憶那些幸福時光時語氣中夾雜著羨慕：「每夜從八點到十二點，我要聽他哈姆雷特式的獨白，長達四小時之久。」

　　有兩個晚上，李範奭講了他在俄國托木斯克時的一段愛情遭遇。「九‧一八」事變後，李範奭在東北抗日義勇軍馬占山部擔任高級參謀，一次戰役失敗，他跟著馬部撤退到蘇聯境內西伯利亞托木斯克。一天深夜，李範奭偶遇波蘭少女、中學教師杜尼亞，在戰爭的空隙間萌生了愛情，他們多次祕密相會，任由愛情之花自由自在生長。但是部隊不能長駐，部隊撤走後，杜尼亞不能隨他而去，最後竟然殉情自殺了……

　　無名氏在筆記本上記下了這個愛情悲劇。到了1943年冬天——距離李範奭講述那段傳奇經歷的時間已經過去了兩年，無名

氏碰到了一個機會：西安《華北新聞》總編輯趙蔭華想在自己的報紙上開個長篇連載的欄目，聽說無名氏有此計畫，於是硬逼軟磨，促成了一部暢銷書的問世。

1943年11月9日至29日，無名氏用20天時間，快馬加鞭，寫成了他的成名作《北極風情畫》。

無名氏在回憶錄中寫過當時的盛況：

> 詎料《北極風情畫》一經在《華北新聞》連載，立即轟動西安，當時幾乎人手一紙，那一時期，無論無名氏出去理髮、沐浴、上飯館、咖啡館、進公園喝茶，到處聽到有人談論此書。當時若說西安「滿城爭說無名氏」，並不為過。

《華北日報》的連載臨近結束時，決定出版單行本，計畫發行2,000冊。報紙上發了啟事，不到半個月就預約一空。這在西安的出版史上聞所未聞。

愛情不是遊戲

1943年秋天，無名氏正在為寫作《北極風情畫》打腹稿。

他想寫李范奭與杜尼亞的愛情故事，可是，那個波蘭姑娘的形象始終無法在腦海中豐滿起來。這也難怪，無名氏自小長在江南，後來到北京讀書，到西安當記者，從來沒有正面接觸過任何一位異國女子。他憑空面壁虛構：杜尼亞應該是個身材修長的少女，金髮碧眼，嘴唇性感……正當無名氏沉湎於故事中為之癡迷時，一個混血女郎突然闖進了他的生活。

她叫劉雅歌，是無名氏終生單相思的人間尤物。

　　劉雅歌的父親劉貴斌，中國人，曾任中國駐蘇聯公使館參贊。任參贊期間，他娶了莫斯科女子瑪麗為妻，生了一兒一女：姐姐劉雅歌，弟弟劉震亞。

　　抗日戰爭開始後，劉貴斌調至重慶，任行政院祕書。當時的歐亞國際通道不順暢，赴歐洲需要繞道香港與滇緬路，重慶政府有意打通這條通道，派劉貴斌去新疆烏魯木齊，以交通部特派員的名義做盛世才的工作。

　　誰知道劉貴斌一別之後就斷絕了音訊。瑪麗帶著一雙兒女住在漢口，每天焦急地等待，望眼欲穿，仍然得不到任何消息。這個異國女子，帶著兒女踏上了萬里尋夫之路。

　　從漢口來到重慶，又從重慶來到西安，前方傳來消息：新疆路斷，無法繼續前行。這一家人只能滯留在西安，母親瑪麗臨時在黃埔軍校西安第七分校擔任俄文教員，女兒劉雅歌和兒子劉震亞進入該校念書，姐姐偶爾也代點課。

　　無名氏在愛情自傳《綠色的回聲》一書中，如是刻劃劉雅歌的形象：

　　這個少女雜糅斯拉夫血液，穿一襲鮮綠色西式長裙，有一副相當濃豔的臉。長長黛色畫眉，施用眼油、略帶暈味的眼睛，瑪瑙紅的豐腴圓頰，石榴紅的嘴唇，上唇薄，下唇豐滿，是標準的彎彎水菱形。沒有西洋女人的凹眼瞠，高鼻子，一片異國情調，卻表現於暗棕色髮鬚，淡棕色眸子，和特別白皙的肌膚。她高大的胴體，被一抹鮮綠色緊裹，分外顯得飽滿，生命洋溢。她神情帶點男性氣，甚至有十分之二的邪味。

　　無名氏說劉雅歌身上有「十分之二的邪味」，他應該是有切膚之痛。

　　無名氏曾經說：「劉雅歌是尾美人魚，美得很！一條美麗的

海魚，看見它，你彷彿看見大海的美麗，海水的變幻，你可以聽見海浪奇妙的聲音……」

但是，美麗僅只是劉雅歌的一面，她的另一面是冷酷和無情。

劉雅歌在許多方面與中國傳統的女孩子完全不一樣。據她自己說，她的男朋友很多，前後大約有二、三十個。她的身體發育得比較早，十四、五歲，個頭就高高大大。從小時候起，她就不愛和女孩子在一起玩，只愛和男孩子玩。劉雅歌說過一句話，可以代表她的人生哲學：「這是一個可怕的世界。在這個世界上，一個沒有父親保護的女孩子要順利活下去，單靠善良不夠，還得靠殘忍。」

劉雅歌的美中隱含了一絲殺氣，可是無名氏偏偏就喜歡上了她身上的殺氣。無名氏說：「美女之美，有時似銀色月光，水銀瀉地，一瀉即散，不一定真魅，真有迷力。女子若似峰巒，帶點山味，乍看雖非女性美，久則透徹酣暢魅勁。沾山氣，而隱含殺氣，更是翻江倒海迷人。」

實際上，劉雅歌這種閱人無數的美麗尤物，並不是書生氣十足的無名氏輕易能夠駕馭的。

連李範奭這樣的情場老手，也不敢輕易冒犯劉雅歌。有一次聚會，李范奭向無名氏傳授情場經驗，他說：「戰爭時期的桃色事件，有時像舞場愛情，不過是一支燭光，風一吹就熄滅。」談論到尤物劉雅歌，李範奭臉上表情複雜，「那位混血小姐可不像一般的中國女孩子，她是滄海裡翻滾過的大蚌精，閱人多矣，真不好對付。拿我個人經驗說，我就從未經驗過這樣的女人！」

正是在那次聚會上，劉雅歌的老練、媚態、野性以及對男人的駕馭能力都表現得淋漓盡致。每次聚會，帶有異國情調的美人劉雅歌都是眾人格外關注的焦點。大家的目光有意無意地包圍著

她，像星星追逐月亮。李範奭喝多了酒，他舉起酒杯向劉雅歌發難：「來，我們為今天宴會上最美麗的小姐，乾一杯！祝她永遠像玫瑰花一樣美麗──但是不希望她像野玫瑰一樣多刺！」

韓國流亡者汪祖繼站出來為劉雅歌說話：「不行，不行，劉小姐，你不能喝這杯酒。李參謀的話中有刺。」

「同意，同意，我們贊成！」另外幾個韓國流亡者鼓掌歡呼，矛頭一致指向李範奭，認為他說錯了話，要罰酒。

李範奭端著酒杯搖搖晃晃，走到劉雅歌面前，定定地看著她說：「罰我幾杯酒，我絕不在乎。現在，我只想聽一句話──劉小姐，你說，我該不該罰酒？」

劉雅歌臉色緋紅，她並沒有逃避李範奭火辣辣的目光，落落大方地說：「謝謝你的祝詞，也謝謝你的警告，來，我們乾一杯。」喝完了杯中酒，劉雅歌轉過身來，對那些同情她的韓國流亡者說：「李參謀是革命軍人。一個革命軍人說話，總不免帶點革命性，這是可以諒解的，我不贊成罰他的酒。」

圓滑嫻熟的外交詞令和手段，讓在場的軍人們個個口服心服。那一年，劉雅歌的年齡還不到20歲。

無名氏曾經將他與劉雅歌的愛情故事寫成了一本書，《綠色的回音》出版後，當年好友張慕飛說：「其實劉雅歌根本不愛他，無名氏純粹是單相思。」──事實果真是這樣嗎？如果仔細閱讀相關史料，發現並非完全如此。

無名氏為劉雅歌一家在西安市區找住房，擇鄰而居，還出錢為其弟弟劉震亞治病，邀她喝咖啡、看電影、吃羊肉泡饃。劉雅歌呢，也經常來找無名氏聊天，談論的話題多半與文學有關，她還向無名氏借書看，如屠格涅夫的《春潮》、《貴族之家》以及無名氏本人的《北極風情畫》等。

　　無名氏二哥卜少夫有一段很好的分析：「無名氏在25歲之前，對於交女朋友、戀愛、婚姻，可說未加注意，沒有什麼可以記述的。他心無旁鶩地在學習，搜集資料寫作。一個年輕人，很少像他那樣的冷靜，沒有一點羅曼蒂克的意念。我不相信他對女性的冷淡或對女性憎惡，是個禁欲主義者的清教徒。我敢肯定他壓抑自己的感情，在他從事的文學工作上。他專心致志，生活的一切，都為了文學那個目標。」

　　誠如他二哥卜少夫所言，無名氏年輕時虔誠地對待寫作，但他也絕不是對美色熟視無睹的清教徒。在一次人潮湧動的晚會上，無名氏看著劉雅歌像蝴蝶般在舞池中翩翩起舞，他再也按捺不住自己的情緒，走到她面前，直截了當地表達了他的感情：「在我看來，世界上最可怕的，是今夜劉雅歌小姐的眼睛，它簡直像一座無底深淵，誘惑人非跳下去不可！」

　　一陣熱烈的掌聲以及踩腳聲，如轟轟雷聲，屋頂差一點全震坍了。

　　劉雅歌一雙豔榛色眸子，此刻確實燃燒起來了。她緋紅著臉，眼睛直勾勾地看著無名氏，語氣熱烈地說：「在我看來，世界上最可怕的，是今夜無名氏先生的聲音。它比任何一座深淵更能誘惑我跳下去，為它粉身碎骨！」

　　劉雅歌的這個表述，可以理解為逢場作戲，也可以理解為吐露心聲。

　　海嘯般的瘋狂過後，是死亡一樣的沉寂。當無名氏還沉浸在玫瑰色的愛情夢幻之中時，《華北新聞》報上刊載了一則啟事，像野蜂似的刺痛了他。啟事只有簡短一行小字：「我倆定於1944年3月12日在西安訂婚，特此敬告諸親友，恕不另柬。麥敬希、劉雅歌敬啟。」

　　無名氏看到這則啟事時，一陣暈眩，差一點昏厥過去。

　　劉雅歌的婚姻像旋風一樣開始，又像旋風一樣結束了。第二年（1945）5月，劉雅歌突然出現在無名氏面前，他們月夜相約，她向無名氏傾訴：麥敬希為人自私，氣量小，他們在一起並不幸福，經常吵架⋯⋯

　　那一次，劉雅歌還讓無名氏親吻了她。無名氏無比激動，他說：「我常常回憶你，像回憶一片奇異的色彩。無數個日子，你像一尾魚，游弋在我記憶的池子裡，每一個夜裡，我都能看見你的影子⋯⋯」

　　然而第二天，那隻神祕的野鴿子卻又飛走了，無影無蹤。

　　他再次見到劉雅歌是在上海，時間是1948年歲末。那一年，無名氏已經31歲，先後出版了《北極風情畫》、《塔裡的女人》等暢銷書，事業成功，生活順暢，他該開始認真考慮自己的婚姻問題了。

　　其時的劉雅歌，猶如一朵凋零的花，容顏憔悴，整個都枯萎了，而且神情還喪魂落魄。她默默坐在無名氏對面，眼中有種淒然欲絕的神色。劉雅歌告訴無名氏，和麥敬希離婚後，又嫁給了曹朗，兩個人感情不好，已經分居。眼下她在南京一家電影公司任職。「真奇怪，直到現在止，在我的生命中，還從來沒有一個我真正愛過的人呢！」劉雅歌朝他笑了笑說。

　　聽她這麼說，無名氏忽然覺得這個女子很可憐，他的心又一次動搖。

　　無名氏在痛苦的泥淖中苦苦掙扎。他想拯救劉雅歌，幫助她恢復已流失的青春，讓她感受人間的溫暖。或者躲避她，任由那朵花瓣在秋風中凋零。他的心，在鐘擺的兩極蕩來蕩去，始終拿不定主意。

午夜兩點多鐘，無名氏敲響了好友蕭漣的門，去徵求他的意見。蕭漣的一句話，決定了無名氏後來的人生路途：「何必冒這個風險呢？她有勇氣能離兩次婚，難道就不能離第三次婚？」

第二天，1948年12月31日，劉雅歌來見他，身穿豆綠色綢棉旗袍，臉上顯然經過了一番化妝，她用了濃唇膏，性感的紅唇很是鮮豔。僅僅過了一夜，劉雅歌的整個形象和情調，和昨天判若兩人。

只是無名氏此時決心已定，他冷淡地同她道別，說自己已經買好了回杭州的車票，最多只能陪她半天。劉雅歌神色憂鬱，低垂著頭，臉上寫滿了悽楚。那天上午他們去照相館留影，各照各的，不照合影。無名氏說：「我知道，今天，我們兩人誰也照不好相，這僅僅是個紀念。」劉雅歌臉色蒼白，黯然點頭。

劉雅歌走後，國共談判破裂，中共大軍橫渡長江，新中國宣告成立。無名氏留在了杭州，劉雅歌去了香港（後來又輾轉台灣去了美國），他們完全被隔在了兩個世界。

50年代初，無名氏曾經寫信，委託友人張慕飛去看劉雅歌。此時的劉雅歌已經徹底心灰意冷，她將無名氏的信讀完，眼中噙著淚水，憂憤地說道：「信！信！他永遠像寫小說似的寫信。……整個世界充滿了火焰，他還在寫那些夢幻的信！」冷靜下來後，劉雅歌對張慕飛表示歉意：「對不起，慕飛，我沒有辦法。你寫信時告訴他，他記憶中的那個劉雅歌已經死了。我和他之間，除了痛苦，再也沒有別的什麼了……」

無名書

一部中國現代文學史，存在著若干個失蹤者。1949年以後的無名氏，無疑是失蹤者之一。

　　60年代，台灣重拍電影《塔裡的女人》，作家高陽寫了篇文章懷念無名氏：「他在哪裡呢？像羅聖提那樣在深山中修道，還是在北大荒參加勞改？他可知道他的著作已化作絢麗的色彩、生動的形象，將呈現在廣大的觀眾之前。」

　　關於無名氏，江湖上有無數傳說。有的說他去了南美洲，有的說他躲在新疆，有的說他因精神分裂症住進了杭州的精神病醫院裡，有的說他在香港新界的一個寺廟裡出家當了和尚……直到上世紀70年代，他的二哥卜少夫在香港出版了《無名氏生死下落》，書中收錄了1950至1976年兄弟倆的全部書信，同時出版的還有浸透了無名氏一生心血的《無名書》（六卷），讀者這才恍然大悟：神祕的無名氏並沒有銷聲匿跡，他一直在暗中從事地下寫作──無論生存環境多少惡劣，從未放棄過手中的那枝筆。

　　《北極風情畫》、《塔裡的女人》出版後，無名氏暴得大名。但是，無名氏並沒有陶醉其中，他很清楚那兩本書在文學史上的位置。他說道：

> 《北》、《塔》這類書，只是小玩意兒，它們的成功，僅由於當時市場小說太缺少真實情感，而在文字技巧上又不大講究……我一直是自己極嚴厲的良心法官，儘管外間不斷傳來可喜的消息，我卻並不因此躊躇滿志。這時，日日夜夜，我倒不斷焦灼著，不安著，因為直到此時，我還沒有寫出那本大書：《無名書》。

　　為了早日寫出心中的那本大書，1946年4月13日，無名氏從上海遷居杭州，住進了郊外一個尼姑庵裡。

　　整座尼姑庵空空蕩蕩，後院有20多間房子，只住著無名氏一

個人。每天和太陽、月亮為伴，寂靜的樹林深處，能夠聽見空氣流動的聲音。無名氏自嘲：敝人姓卜，名乃夫——獨夫一個，光棍一條。

他獨自一人在寂靜的尼姑庵中默默寫作了半年，完成了《無名書》的首卷《野獸！野獸！野獸！》以及第二卷《海豔》的部分章節。1948年，他又卜居南晉一代著名修煉家葛洪息影處葛岑山莊，完成了第三卷《金色的蛇夜》。其後漫長的二十多年間，無名氏匿居於杭州城裡的一條陋巷，一簞食一瓢飲，閉門寫作，斷斷續續寫完《死的岩層》、《開花在星雲之外》、《創世紀大菩提》等長篇小說，終於完成了煌煌大著《無名書》。

《無名書》的前三卷剛剛完成，新中國成立，無名氏再也不能公開發表作品了。此時他並沒有參加工作，而是靠香港的二哥卜少夫寄錢維持生活，繼續寫作尚未完工的巨著《無名書》。

在給二哥卜少夫的一封信中無名氏寫道：

> 最近的生活，真是感慨萬千。要寫，真是永遠寫不完。我的靈感永遠洋溢著……如能預期完成這個多年計畫，我相信無論在藝術上、思想上，對中國和世界總有涓滴之獻。

無名氏有著極其強烈的創作欲望和衝動，他全身心沉浸在自己的藝術迷宮中，讓人感到奇怪的是，從他身上，竟然看不出多少時代大潮衝擊的痕跡。上世紀五、六十年代，中國的社會形態進入到一個特殊的歷史階段。無名氏曾數次遭遇抄家，也曾被關押起來，要他交代歷史問題。他和老母親相依為命，過著清貧簡樸的生活，卻從未有一天放棄過地下寫作。即便60年代下放農場勞動期間，無名氏仍然偷偷完成了《創世紀大菩提》的初稿。

60年代後期，他經歷了一次牢獄之災，傾盡全部心血寫成的《無名書》書稿也被沒收，無名氏悲痛欲絕。從監獄裡釋放出來後，他心灰意冷，靜靜地坐在門前的運河邊上，盯著渾濁的河水凝視許久。無名氏神情呆滯，他並不想跳下去，只是一個人在獨自思索哲學命題：這片河水流了一千多年，為什麼個人生活竟改變得如此緩慢？

「一切都是命！」無名氏得出這樣的結論，他現在有點相信宿命論了。

幸運的是，隨著文革的結束，抄家收繳的厚厚一摞書稿終於物歸原主。無名氏喜極而泣，經過認真考慮，他決定將書稿寄給香港的二哥卜少夫，後來終於得以出版。

建國後的文學作品，以革命現實主義為主潮。尤其是進入60年代中期後，文藝園地一片凋零，只剩下幾個紅色樣板戲和《金光大道》、《虹南作戰史》之類的遵命文學。無論從哪個角度看，無名氏和他的浪漫主義巨著《無名書》的存在都是異數。

對《無名書》的評價，向來眾說紛紜。有的說《無名書》是國寶級的巨著，是中國但丁創作的《神曲》。也有的認為並沒有那麼高，甚至還有完全相反的評價，認為滿紙囈語，不堪卒讀。任何一個時代，任何一個社會，從眾從俗是最容易做到也最受歡迎的存在方式，而超凡脫俗是一種難得的品性，需要某種精神力量的支撐，否則，將難以抵禦世俗流弊的侵襲。《無名書》的追求，顯然與歷史潮流不合拍。其社會價值與革命現實主義主流文學差別很大。從某種意義上說，《無名書》對中國歷史的發展起著預示和警示的作用，它複雜深邃的內容和巨大的藝術探索的獨創性工作，需要時間讓人們慢慢認識和消化。

歸程何處？

有人說，無名氏一生都在戀愛。此話不虛。

1941年，無名氏在重慶韓國臨時政府擔任客卿期間，認識了美麗多情的韓國少女閔泳珠。他寫下了自己初見她時的一瞥：

> 你穿一件天藍色布袍子，纏著黑地白格子圍巾，玲瓏像一條小龍，大眼睛光芒四射，掠著我，磁鐵似地吸引我。我幾乎不敢逼視你。從你身邊走過去了，我又好幾次轉過頭，但你卻像神龍似的不見了。

無名氏在苦苦的相思中備受煎熬，常常夜半醒來，想念她。月色如水，無名氏匍匐著身體，臉龐緊緊貼在軟軟的枕頭上，輕聲喚著她的名字，便覺得自己是世界上最幸福的人了。然而，好夢易碎，由於韓國臨時政府中的幾位元老堅決反對中韓通婚，無名氏的初戀結束了，他像一隻孤雁離開重慶，遠飛西安。

在西安，無名氏遇見劉雅歌，經歷了一場生死之戀。

與劉雅歌分手後，無名氏隱居杭州慧心庵閉門寫作期間，結識了一位愛好文學的女畫家。她稱他為羅米歐，他稱她為茱麗葉，兩個人鴻雁往來，筆下是寫不完的綿綿情話。遺憾的是，不久，「茱麗葉」患上癌症，香消玉殞。

這之後，無名氏又經歷了一場刻骨銘心的愛情。女子叫趙無華，是著名畫家趙無極的妹妹。趙無華熱愛文學，仰慕無名氏，如果倆人結合，也許是一場完美的婚姻。可惜天不作美，趙無華患上了肺結核，過早去世。若干年後，無名氏回憶那段往事時說道：

　　1950年5月9日至8月1日，在清幽的葛嶺山麓，我和無華做
了三個月的活神仙。不折不扣，那是人間天堂，純粹精靈
生活，絕對的靈的沉酣，正像不斷撲眼的四周湖光山色一
樣，又縹緲，又空靈，又詩意！這是我此生唯一消受的深
刻幸福，我也算真正銷魂的戀愛過了！

　　無名氏的第一個妻子是劉寶珠。1954年7月15日，無名氏在
杭州與劉寶珠結婚，那一年他37歲，她27歲。

　　劉寶珠是卜家領養的義女，9歲來卜家，一直與卜母相依為
伴。她對卜家有感恩之情，建國後處境也十分孤寂。以前無名氏
並沒有太注意家中的這個妹妹，直到一次偶爾邂逅，驀然發現身
穿黑白細格子旗袍的劉寶珠越長越美了，「這樣的美人，竟是我
的未婚妻……我有點不敢相信。」無名氏在日記中寫道。

　　文革時期，無名氏被捕入獄，組織上找劉寶珠談話，嚴令她
劃清界線，站穩立場。1973年1月，他們的婚姻終於走到頭了。

　　1982年歲末，無名氏離開大陸，輾轉到達台灣。這之後，他
又經歷了人生的第二次婚姻。女方馬福美，祖籍山東臨朐，畢業
於台北師專音樂系，是無名氏的熱心讀者，對其作品有瘋狂的偏
愛。結婚時，兩人年齡相差41歲，無名氏興奮地感歎：「幸福像
一條閃電，悄悄亮在了我的身邊……」可惜十年後，倆人的感情
澈底破裂，夫妻反目為仇，離婚後，馬福美依然不依不饒。甚至
於在無名氏去世後，她不僅拒絕出席治喪儀式，還出版了《單獨
的新娘》一書，盡其所能揭死者之短，對無名氏進行鞭屍，令人
心寒。

　　有人說，無名氏做人最大的失敗，是他不善於處理人際關

係。也許事實果真如此。人不瘋魔不成神，對於這麼一個潛心營造自己的藝術迷宮的人來說，他的人生短板希望這個世界能夠諒解和寬容。

主要參考引徵書目

《一群被驚醒的人──狂飆社研究》，廖久明，武漢出版社，
　　2011年。

《上海摩登：一種新都市文化在中國（1935─1945）》，李歐
　　梵，北京大學出版社，2001年。

《中國現代小說史》，夏志清著，劉紹銘等譯，上海復旦大學出
　　版社，2005年。

《王韜評傳》，欣平，華東師範大學出版社，1990年。

《王韜評傳》，張海林，南京大學出版社，1993年。

《王韜與晚清革命》，（美）柯文著，雷頤、羅檢秋譯，江蘇人
　　民出版社，1998年。

《在金錢的漩渦中──張資平傳》，顏敏，百花洲出版社，
　　1999年。

《此日是歸年──張資平詮稿》，譚元亨、劉克定，汕頭大學出
　　版社，2009年。

《免於偏見的自由》，戴杜衡，台灣傳記文學出版社，1970年。

《我心彷徨──徐訏傳》，吳義勤、王素霞，上海三聯書店，
　　2008年。

《我的父親徐霞村》，徐小玉，山西人民出版社，2000年。

《李范奭將軍回憶錄》，雲南人民出版社，2008年。

《弢園文錄外編》，王韜，中州古籍出版社，1998年。

《花一般的罪惡：醒獅社作品評論資料選》，華東師範大學出版
　　社，2002年。

《邵洵美：出版界的堂吉訶德》，王京芳，廣東教育出版社，

2012年。

《施蟄存先生編年事錄》，沈建中編撰，上海古籍出版社，2013年。

《革命與情愛》，劉劍梅，上海三聯書店，2007年。

《夏日最後一朵玫瑰——記憶施蟄存》，黃棠等著，上海書店，
　　2008年。

《徐訏文集》，上海三聯書店，2008年。

《挹芬室文存》，滕固，遼寧教育出版社，2003年。

《海上才子邵洵美傳》，林淇，上海人民出版社，2002年。

《海上說情欲——從張資平到劉吶鷗》，彭小妍。

《海派文學論》，許道明，上海復旦大學出版社，1999年。

《神祕的無名氏》，李偉，上海書店，1998年。

《張資平：人生的失敗者》，鄂基瑞、王錦園，復旦大學出版
　　社，1991年。

《張資平自傳》，江蘇文藝出版社，1998年。

《從蘭社到〈現代〉——以施蟄存、戴望舒、杜衡及劉吶鷗為核
　　心的社團研究》，金理，東方出版中心，2006年。

《現代作家書簡》，孔另境，花城出版社，1982年。

《盛氏家族‧邵洵美與我》，盛佩玉，人民文學出版社，2004年。

《創造社研究》，咸立強，東方出版中心，2006年。

《無名氏生死下落》，卜少夫，香港新聞天地出版社，1976年。

《項美麗在上海》，王璞，人民文學出版社，2005年。

《葉靈鳳傳》，李廣宇，河北教育出版社，2003年。

《漂泊的都市之魂——徐訏論》，吳義勤，蘇州大學出版社，
　　1993年。

《鳳兮鳳兮葉靈鳳》，方寬烈編，福建教育出版社，2013年。

《劉吶鷗全集》，（日記集上下），康來新、許秦蓁，台南文化

局，2001年。

《劉吶鷗研討會論文集》，許秦蓁編，台南國家文學館，2005年。

《摩登‧上海‧新感覺‧劉吶鷗》，許秦蓁，秀威資訊，2008年。

《蔣光慈評傳》，吳騰鳳，團結出版社，2000年。

《論新感覺派》，黃獻文，武漢出版社，2000年。

《儒林新史》，邵洵美，上海書店，2008年。

《歷史碎影──日常視野中的現代知識分子》，趙柏田，中華書
　　局，2006年。

《獨人行蹤：無名氏傳》，耿傳明，江蘇文藝出版社，2001年。

《穆時英全集》（三冊），嚴家炎、李今編，北京十月出版社，
　　2008年。

《遺留韻事：施蟄存遊蹤》，沈建中，文匯出版社，2007年。

《戴望舒傳》，劉保昌，湖北辭書出版社，2007年。

《雞尾酒時代的記錄者──〈現代〉雜誌》，張永勝，上海人民
　　出版社，2003年。

《懷鄉集》，杜衡，上海書店，1986年。

《蘇青評傳》，毛海瑩，中國社會科學院出版社，2010年。

《讀書隨筆》，葉靈鳳，上海三聯書店，2008年。

史地傳記類　PC0848　讀歷史114

畫夢錄
——海派文學作家的12張面孔

作　　者／張永久
責任編輯／林世玲
圖文排版／周妤靜
封面設計／劉肇昇

發 行 人／宋政坤
法律顧問／毛國樑　律師
出版發行／秀威資訊科技股份有限公司
　　　　　114台北市內湖區瑞光路76巷65號1樓
　　　　　電話：+886-2-2796-3638　傳真：+886-2-2796-1377
　　　　　http://www.showwe.com.tw
劃撥帳號／19563868　戶名：秀威資訊科技股份有限公司
　　　　　讀者服務信箱：service@showwe.com.tw
展售門市／國家書店（松江門市）
　　　　　104台北市中山區松江路209號1樓
　　　　　電話：+886-2-2518-0207　傳真：+886-2-2518-0778
網路訂購／秀威網路書店：https://store.showwe.tw
　　　　　國家網路書店：https://www.govbooks.com.tw

2020年4月　BOD一版
定價：290元
版權所有　翻印必究
本書如有缺頁、破損或裝訂錯誤，請寄回更換

國家圖書館出版品預行編目

畫夢錄：海派文學作家的12張面孔 / 張永久著. -- 一
　版. -- 臺北市：秀威資訊科技, 2020.04
　　　面；　　公分. -- (史地傳記類；PC0848)(讀歷史；
114)
　BOD版
　ISBN 978-986-326-785-0(平裝)

　1.作家 2.傳記 3.中國文學

782.24　　　　　　　　　　　　　　　　109001642

讀 者 回 函 卡

感謝您購買本書,為提升服務品質,請填妥以下資料,將讀者回函卡直接寄回或傳真本公司,收到您的寶貴意見後,我們會收藏記錄及檢討,謝謝! 如您需要了解本公司最新出版書目、購書優惠或企劃活動,歡迎您上網查詢或下載相關資料:http:// www.showwe.com.tw

您購買的書名:＿＿＿＿＿＿＿＿＿＿＿＿＿＿＿＿＿＿＿＿＿＿＿＿＿

出生日期:＿＿＿＿＿年＿＿＿＿＿月＿＿＿＿＿日

學歷:□高中 (含) 以下 　□大專 　□研究所 (含) 以上

職業:□製造業 　□金融業 　□資訊業 　□軍警 　□傳播業 　□自由業

　　　□服務業 　□公務員 　□教職 　□學生 　□家管 　□其它＿＿＿

購書地點:□網路書店 　□實體書店 　□書展 　□郵購 　□贈閱 　□其他

您從何得知本書的消息?

□網路書店 　□實體書店 　□網路搜尋 　□電子報 　□書訊 　□雜誌

□傳播媒體 　□親友推薦 　□網站推薦 　□部落格 　□其他＿＿＿＿＿

您對本書的評價:(請填代號 1.非常滿意 2.滿意 3.尚可 4.再改進)

封面設計＿＿ 版面編排＿＿ 內容＿＿ 文/譯筆＿＿ 價格＿＿

讀完書後您覺得:

□很有收穫 　□有收穫 　□收穫不多 　□沒收穫

對我們的建議:＿＿＿＿＿＿＿＿＿＿＿＿＿＿＿＿＿＿＿＿＿＿＿＿＿

＿＿＿＿＿＿＿＿＿＿＿＿＿＿＿＿＿＿＿＿＿＿＿＿＿＿＿＿＿＿＿＿

＿＿＿＿＿＿＿＿＿＿＿＿＿＿＿＿＿＿＿＿＿＿＿＿＿＿＿＿＿＿＿＿

＿＿＿＿＿＿＿＿＿＿＿＿＿＿＿＿＿＿＿＿＿＿＿＿＿＿＿＿＿＿＿＿

11466
台北市內湖區瑞光路 76 巷 65 號 1 樓

秀威資訊科技股份有限公司　　　收

BOD 數位出版事業部

....

（請沿線對折寄回，謝謝！）

姓　　名：＿＿＿＿＿＿＿＿　年齡：＿＿＿＿　性別：□女　□男

郵遞區號：□□□□□

地　　址：＿＿＿＿＿＿＿＿＿＿＿＿＿＿＿＿＿＿＿＿＿

聯絡電話：(日)＿＿＿＿＿＿＿＿　(夜)＿＿＿＿＿＿＿＿＿

E-mail：＿＿＿＿＿＿＿＿＿＿＿＿＿＿＿＿＿＿＿＿＿